TUDO OU NADA

TUDO OU NADA

Roberto Shinyashiki

Editora Gente

SUMÁRIO

INTRODUÇÃO O PASSARINHO VOOU

TODOS OS DIAS, A NATUREZA NOS ENVIA PASSARINHOS DE PRESENTE. ENVOLVIDOS COM NOSSAS PREOCUPAÇÕES, NEM SEMPRE PERCEBEMOS QUE ELES ESTÃO VOANDO AO REDOR, DANDO MAIS BELEZA E GRAÇA À VIDA.

Certa vez, durante um fim de semana, eu estava na chácara de um casal de amigos preparando o almoço da turma. De repente, minha filha, Marina, que na época tinha 4 anos, entrou como um furacão na cozinha. Estava eufórica: o rosto era pura felicidade, os olhinhos brilhavam como dois diamantes ao sol.

– Papai, vem ver que passarinho lindo eu achei – disse ela quase gritando.

Nem tive tempo de responder. Ela virou as costas e, entusiasmada, voltou correndo para admirar sua descoberta.

Fui até o fogão, desliguei o gás, lavei as mãos e, em seguida, tirei o avental. Cumprido esse ritual – nada além do que se espera de um adulto responsável e zeloso –, eu me dirigi à porta. Não levei mais que 30 segundos depois do chamado.

Quando saí da cozinha, a pequena Marina já estava voltando com uma expressão de frustração no rosto. Seus olhos não brilhavam mais. Percebi que já era tarde. Ela me olhou e disse:

– Papai, o passarinho voou.

Fiquei um momento ali, parado, com cara de bobo, sem esboçar nenhuma reação diante daquele anjinho que me censurava por ter demorado tanto para ver algo maravilhoso que acabara de descobrir. Depois, tentei consolá-la com um beijo carinhoso e, devagar, fui me dando conta de que eu também precisava de consolo.

As emoções que senti em alguns instantes decisivos da vida tomaram conta do meu coração. Lembrei-me das incontáveis situações desafiadoras em que precisei partir para o tudo ou nada. Cenas de um rápido filme passaram por minha mente, imagens de momentos em que precisei tomar rapidamente uma decisão, abandonar o fogão, jogar tudo para o alto e correr atrás dos passarinhos da vida!

Comecei então a me questionar: por que naquela hora não larguei tudo e fui curtir o passarinho com minha filha?

Pensei imediatamente no sofrimento que sentem as pessoas que desperdiçam a vida apenas porque não tomam uma decisão e uma atitude capazes de transformá-la.

Pensei em quantos filhos se arrependem por nunca ter dito "eu te amo" a seus pais enquanto eles eram vivos...

Em quantos pais e mães se lamentam por jamais ter tido a coragem de transformar o relacionamento com seus filhos antes que eles se afastassem por completo do convívio com a família...

Em quantos profissionais perderam uma grande proposta de emprego porque não aceitaram abandonar a segurança de um cargo...

Em quantas pessoas liquidaram a possibilidade de ser felizes em outro relacionamento porque não romperam um casamento sem amor...

Em quanta gente deixa de exercer a profissão de seus sonhos por não ter coragem de arriscar...

Mas penso também que ninguém pode viver permanentemente fazendo mudanças radicais na vida. A melhor maneira de resolver os problemas de um casamento insatisfatório é certamente conversar sobre as dificuldades buscando um entendimento que nos traga mais felicidade. A melhor maneira de trocar de emprego é fazer um planejamento adequado e enviar currículos antes de pedir demissão.

Se sua vida está tranqüila, seguindo um rumo em que você se sente pleno, o processo de evolução deve ser progressivo e sem grandes abalos. Há, porém, situações frustrantes ou opressivas que se arrastam por anos a fio sem que a gente consiga resolvê-las e que nos fazem viver debaixo de um manto de dor. Em meio a esse sofrimento contínuo, um dia nossa consciência desperta e percebemos que, para mudar, precisamos dizer: é agora ou nunca! É tudo ou nada!

Nesse despertar, compreendemos que chegou o tempo de agir. Uma pequena distração e...

Cadê o passarinho?

Em instantes assim, tenha a coragem de acreditar na vida e responda: "Sim, aqui vou eu!"

Mas, Roberto, se você saísse correndo atrás de Marina e esquecesse o fogão ligado por uma hora, haveria um incêndio devastador na cozinha!

Calma. Agarrar a maravilhosa oportunidade de ver um pássaro não significa deixar de ser responsável. Era só voltar à cozinha depois de cinco minutos e nenhum drama aconteceria.

Muitas vezes, por temer as conseqüências de nossas ações, criamos fantasmas que nos impedem de seguir adiante e acabam nos imobilizando. É como se nos transformássemos em estátuas, soterrando toda a nossa energia de vida sob camadas e mais camadas de preocupações.

Este livro é uma tentativa de recuperar essa energia vital das pessoas. Um alerta para quem deseja construir a vida do jeito que sempre sonhou, mas nunca realizou. Uma inspiração para você criar coragem e mergulhar nos chamados da vida. Um toque para motivá-lo a viver com paixão seus projetos.

Esteja atento aos presentes da vida e disposto a abrir suas asas para voar com os passarinhos!

Com o carinho de sempre,
Roberto Shinyashiki
Porto Alegre, abril de 2006

LIÇÕES DE TUDO OU NADA

ESTE NÃO É UM LIVRO PARA ÉPOCA DE CERTEZAS. É, ANTES, UM LIVRO PARA AJUDÁ-LO A RESPONDER PERGUNTAS. QUESTÕES QUE VOCÊ FAZ HÁ UM BOM TEMPO, MAS QUE SUA CONSCIÊNCIA AINDA NÃO RESPONDEU DE VERDADE.

Sabemos que todos nós, em algum momento de nossa vida, somos obrigados a partir para o tudo ou nada. São instantes em que precisamos tomar uma decisão rápida para não perder o passarinho que nossa filha encontrou. De repente descobrimos que é a hora de fazer uma mudança radical na vida ou percebemos que chegou o tempo de pôr em prática, para valer, alguma ação já resolvida há décadas, como montar o nosso próprio negócio.

Nesses momentos, não importa se a gente precisou de anos, dias, meses, horas ou segundos para decidir o que fazer, sempre estaremos diante do inesperado, pois, qualquer que seja a situação, a gente vai pisar em terreno novo ao partir para o tudo ou nada.

É por isso que, ao longo destas páginas, você será conduzido a refletir muito sobre a vida que está levando para ter claro se realmente está se realizando. Se descobrir que precisa de uma mudança, é muito importante analisar que alternativas você já buscou para mudar as situações que o angustiam e que opções você tem para viver a vida que merece.

Se você se der conta de que já fez tudo o que era possível para resolver suavemente essas situações e não agüenta mais seguir adiante da forma como está, considere com muita atenção e ternura a possibilidade de partir para o tudo ou nada.

Mas não pense que a decisão de assumir o tudo ou nada em sua vida é um caminho que sempre levará à vitória a curto prazo. Ninguém pode ter certeza do que aparecerá no outro lado da porta. É preciso abri-la primeiro. Tal como a esposa do Barba Azul, você poderá encontrar um quarto cheio de restos mortais das esposas anteriores ou, tal como os mergulhadores que procuram um navio abandonado, achar tesouros nunca imaginados.

O mais importante de tudo é compreender que, se a vida não está levando você para um caminho de plenitude, é preciso estar disposto a analisar, decidir e agir!

Mas cuidado: se você for uma pessoa que vive partindo para o tudo ou nada de forma rotineira, fazendo tempestades em todos os copos d'água que encontra pela frente e agindo de maneira impulsiva, seu aprendizado será justamente o oposto do que proponho aqui. Por isso, talvez seja melhor parar agora, pois um dos objetivos deste livro é exatamente motivar as pessoas a embarcar na vida como se esta fosse a última chamada.

Pronto para a partida? Então vamos lá...

CAPÍTULO 1 MOMENTO TUDO OU NADA

SE VOCÊ ESTÁ SE SENTINDO FRUSTRADO, TENHA A CERTEZA DE QUE, PARA LEVAR A VIDA QUE MERECE, VOCÊ PRECISARÁ DEIXAR DE LADO A VIDA QUE TEM!

O momento do tudo ou nada é como um grito de liberdade diante de um silêncio insuportável.

Um ponto final em situações que se arrastam há anos sem solução.

O rompimento definitivo de uma forma padronizada de lidar com a vida.

Tudo ou nada é demolir um muro que o impossibilita de seguir adiante.

É uma maneira de recuperar a dignidade abalada.

É uma ruptura com a maneira de administrar sua vida...

É quebrar as grades da gaiola que o impedem de voar...

Será que seu momento tudo ou nada é agora?

AS DECISÕES CONSISTENTES

Tudo ou nada é uma decisão que você toma em um momento de despertar da consciência. Mas não basta só isso: é preciso algo mais...

Uma decisão radical é insuficiente se a gente não tomar uma atitude do tipo tudo ou nada. Um despertar de consciência pode ser muito pouco sem uma mudança radical na maneira de agir.

A maioria das pessoas toma decisões superficiais: elas apenas anunciam suas decisões, não mudam as atitudes. Não dizem adeus ao passado, não abandonam velhos hábitos. Assim, com a mesma rapidez que decidem algo, desistem.

É preciso ter decisões consistentes, que resultem em atitudes. Somente uma mudança de atitude após uma decisão cria verdadeiras mudanças na vida de uma pessoa.

Se você decidir deixar a segurança de um relacionamento sem amor e abrir seu coração para uma nova relação, vai precisar encarar as conseqüências. Terá de pagar a conta de cada passo dado e sentir orgulho de superar cada novo desafio. Vai precisar aprender a celebrar cada pequena vitória.

Quem não souber enfrentar essas conseqüências logo sentirá a necessidade de voltar para aquele relacionamento sem amor.

Se você resolver sair da casa de seus pais e morar sozinho, precisará assumir o estilo de vida que seu dinheiro puder manter. Terá de aprender a cuidar das suas roupas, fazer supermercado, esquentar comida congelada, tudo isso gastando somente o que é viável para seu orçamento. É lógico que também poderá decorar sua casa do jeito que quiser e trazer seus amigos sem dar satisfação a ninguém. O importante é perceber que, com a liberdade, você recebe um brinde chamado responsabilidade. Sua autonomia deverá ser conquistada dia a dia, até que essa nova forma de viver esteja consolidada.

Se você mudar de profissão, precisará se esforçar para adquirir novos conhecimentos e se desenvolver. Terá de enfrentar uma fase de adaptação. Enfrentar o novo. Ser humilde para aprender o que você não sabe. Muitas vezes, os projetos não terão a mesma qualidade que você estava acostumado a atingir. Talvez demore algum tempo até os pedidos dos clientes chegarem. Pode ser que a insegurança apareça em alguns momentos, quando os resultados não forem os esperados. Nesse período de transição, será preciso ter muita fé e determinação para que as dificuldades não o conduzam de volta ao passado.

O mesmo vai acontecer se você decidir sair do emprego que não o satisfaz. Terá também de passar por um período de transição e executar muitas tarefas que geralmente não são agradáveis, como enviar currículos para empresas em busca de trabalho, fazer entrevistas, passar por processos de seleção cansativos e enfrentar toda uma variedade de situações de pressão. Se você não estiver realmente determinado, poderá se acomodar na situação desagradável do antigo emprego.

Essa mesma situação se passa com quem decide trabalhar em um sistema de negócios chamado marketing de rede. Nesse tipo de negócio, que vem crescendo a cada dia, as pessoas utilizam seus relacionamentos para vender produtos aos consumidores e ganham bônus nessas transações. Tomar a decisão de entrar nesse negócio é muito fácil, pois não é necessário passar por uma seleção tão rígida. Mas muita gente se frustra, pois não percebe que, para ter sucesso nesse tipo de empreendimento, é fundamental desenvolver uma nova atitude perante o trabalho. A pessoa tem de entender que, agora, é dona do próprio negócio. Se não acordar cedo para trabalhar, ela é que será prejudicada. Se não der uma boa assistência para os membros de sua rede de relacionamentos, eles não vão gerar bons resultados.

Mas algumas pessoas investem no novo negócio e não percebem que o trabalho com marketing de rede exige uma série de novas posturas. Na verdade, muitas têm a ilusão de que vão ganhar dinheiro sem trabalhar. No entanto, se não tomarem uma atitude do tipo "tudo ou nada", as coisas não darão certo. Definitivamente, o problema não é o marketing de rede, e sim a maneira como a pessoa assume o negócio.

Afinal, uma verdadeira decisão exige uma mudança radical de atitude. Uma decisão sem mudança de atitude vira simplesmente uma ilusão ou, pior ainda, o grito de um rebelde sem causa. Barulho sem comprometimento.

AS ATITUDES TUDO OU NADA

Percebo que as pessoas que decidem transformar sua vida desenvolvem um tipo especial de atitude. Elas se empenham em cada ação como se a vida inteira dependesse desse esforço. Elas vêem a construção do futuro como a única forma de viver – como fazem os oficiais com seus soldados em situações desfavoráveis de batalha. Em outras palavras, decidem queimar as pontes que permitem retroceder.

Nessas decisões radicais, é importante assumir também um comportamento radical. Nos grupos de Alcoólicos Anônimos fala-se muito sobre o perigo de tomar um único copo de bebida, pois a decisão de parar de beber tem de vir acompanhada de uma atitude do tipo tudo ou nada.

Uma pessoa dependente dos pais que resolve morar sozinha não pode mais chegar atrasada ao emprego porque perdeu a hora. Terá, pelo menos, de comprar um despertador eficaz porque não haverá ninguém para acordá-la toda manhã.

Um empresário que está à beira da falência não pode continuar gastando sem nenhum controle.

A decisão de partir para o tudo ou nada é somente o primeiro passo. Depois da decisão, precisa haver atitude.

Há pessoas que se casam, mas querem levar vida de solteiras. Resultado: o casamento fracassa.

Há pessoas que decidem ter filhos, mas querem continuar a viver como se os filhos não existissem. Resultado: teremos crianças órfãs de pais vivos.

Lembre-se, há dois tipos de atitude: as atitudes tudo ou nada e as atitudes mais ou menos. Uma atitude mais ou menos sempre leva a um resultado medíocre.

É importante entender com toda a clareza que, durante um processo de transformação radical, a atitude de fazer um pouco de cada vez nos trará resultados muito parecidos aos que teríamos se não fizéssemos nada. Quem quer fazer uma revolução na vida precisa tomar uma atitude radical. E, quando se toma uma decisão radical, é preciso continuar caminhando pela estrada que escolhemos – com comprometimento, determinação e fé. Nossas atitudes devem ter a mesma intensidade das decisões que tomamos.

Uma atitude tudo ou nada é mergulhar em um novo amor como se sua respiração dependesse da respiração de seu companheiro.

É sair da casa de seus pais e cuidar de suas responsabilidades como se houvesse apenas você no mundo para pagar suas contas.

É aprender uma nova profissão como se sua vida dependesse dessa empreitada.

É abraçar o novo emprego como se essa fosse a última oportunidade de sua vida.

Porque é preciso correr atrás de nossos objetivos com a determinação de um faminto que anseia por um prato de comida. Buscar a água como um homem perdido no deserto.

Dançar a música da vida como se seu corpo e sua alma fossem os instrumentos dessa música!

Afinal, se você romper as grades da gaiola, mas não bater as asas para valer, jamais poderá voar de verdade!

O SOFRIMENTO SUPORTÁVEL

Por que as pessoas evitam o tudo ou nada e acabam convivendo com situações insatisfatórias pela vida afora?

Será que são burras? Não acredito...

Será que são masoquistas? Tampouco acho que seja o caso...

O fato é que todos nós temos uma tendência bastante natural: fazemos o que nos dá prazer e evitamos o que nos provoca sofrimento.

Para entendermos o que leva alguém a manter relacionamentos, profissões, empregos e circunstâncias profundamente insatisfatórios, precisamos analisar a forma como as pessoas definem o sofrimento. A percepção do que é sofrimento vai determinar as escolhas e, portanto, os comportamentos. As pessoas somente mudarão quando a dor de não estar vivendo for maior do que o medo da mudança.

Na verdade, decidimos manter uma situação desagradável porque tememos sofrimentos desconhecidos ou maiores do que aqueles que vivemos – ainda que persistam por menos tempo.

Se você compreende que sofrer é a perspectiva de não se sair bem no próximo emprego ou relacionamento, poderá se sujeitar a um chefe que o humilhe diariamente ou a uma relação sem amor.

Se seu filho compreende que sofrer é ficar sem dinheiro, vai sujeitar-se a viver eternamente dependente dos pais.

Se uma viúva imaginar que sofrer é ir a um jantar e não ter com quem conversar, aceitará viver sem sair de casa pelo resto da vida.

Isso nos leva a pensar que, na maior parte das vezes, as pessoas não percebem que fazem escolhas que provocam diariamente mais e mais sofrimento.

Essa percepção distorcida faz a gente optar por relacionamentos, profissões, empregos e circunstâncias que não nos realizam como seres humanos – e começamos a distorcer nossas escolhas.

É por causa disso que muita gente, sem ao menos saber, prefere permanecer vivendo com um sofrimento conhecido a tomar uma decisão que leve a um sofrimento desconhecido.

Se pudéssemos adivinhar o pensamento dessas pessoas, provavelmente ouviríamos:

– Pelo menos já conheço meu marido...

– Pelo menos meus pais me deixam chegar tarde em casa...

– Pelo menos nessa profissão eu tenho emprego...

– Pelo menos esse emprego é garantido...

Outras pessoas, também sem se dar conta, preferem conviver com um sofrimento suportável a se arriscar por um caminho em que, de repente, venham a sofrer ainda mais.

É o caso daquele casal de namorados que briga diariamente, mas não termina porque nenhum dos dois quer viver o sofrimento da separação. Muitas vezes ficam se torturando durante anos porque não têm coragem de enfrentar a dor momentânea de um rompimento.

São as mulheres que não falam das frustrações sexuais com seu companheiro por medo de desencadear uma crise conjugal. Elas não tomam uma decisão que possa melhorar sua vida porque têm medo de provocar mais problemas.

Nesse caso, se entrássemos nos pensamentos dessas pessoas, ouviríamos algo como:

– Prefiro brigar todos os dias com meu companheiro a ficar sozinha porque não serei capaz de conquistar outra pessoa.

– É melhor ficar quieto, senão vou provocar uma crise muito maior!

– É melhor trabalhar todos os dias em uma profissão que não tem nada a ver comigo do que ficar desempregado.

As pessoas temem ousar, e seus medos são os mais diversos:

Medo de sofrer mais em outra relação.

Medo da solidão.

Medo de não encontrar uma pessoa legal.

Medo de não mais saber namorar.

Medo de ter de enfrentar situações novas.

É lógico que as pessoas não fazem essas escolhas conscientemente. Mas às vezes elas se acomodam conscientemente... Simplesmente deixam que a vida decida por elas. Até que, em um momento de lucidez e consciência, percebem que esse relacionamento, esse estilo de vida, essa profissão ou esse emprego só traz sofrimento inútil.

Infelizmente muitas pessoas vão passar pela vida sem perceber que estão colecionando frustrações e sofrimentos, quando na verdade têm muitas opções de mudança.

Nesse momento, elas têm duas escolhas: partem para o tudo ou nada ou se enganam com mais uma promessa que jamais será cumprida:

– Quando meus filhos crescerem, eu vou me separar...

– Quando meus pais ficarem mais velhos, eu mudarei de casa ...

– Quando eu ganhar na loteria, vou fazer o que gosto...

– Quando eu encontrar uma empresa legal, sairei deste emprego...

– Quando ele perceber quanto o amo, vai parar de beber...

Assim, situações insatisfatórias se arrastam por muito tempo sem jamais ser enfrentadas para valer.

Está na hora de as pessoas pararem de usar óculos cor-de-rosa e fazerem promessas vazias a si próprias! Elas precisam acreditar que a vida pode ser muito melhor do que é agora!

CAPÍTULO 2 UM PASSO NA ESCURIDÃO

"QUANDO SEGUIR PELO CAMINHO DA VIDA, VOCÊ VERÁ UM GRANDE ABISMO. PULE. ELE NÃO É TÃO GRANDE QUANTO VOCÊ PENSA."

Joseph Campbell

O que você faz quando está diante do desconhecido?

Talvez esteja se perguntando por que eu não mencionei abismos, já que a frase de Campbell fala disso. Porque os abismos são sempre perigosos, e as situações novas a enfrentar freqüentemente não têm perigo nenhum. Simplesmente não são tão claras quanto as que já conhecemos. Elas causam medo porque nos trazem o desconhecido.

Talvez você nem imagine quantos abismos pulou, mas com certeza reconhece que já enfrentou o desconhecido muitas vezes. Desde o momento em que saltou do útero de sua mãe e abraçou o mundo, lembrando ainda seu primeiro dia de aula, seu primeiro emprego e tantas outras situações.

A pergunta importante a fazer é: será que eu ainda consigo dar os saltos que a vida exige de mim?

Reconheço que não é fácil lançar-se no desconhecido. A maioria das pessoas, quando não tem clareza do que vem pela frente, procura levar a vida em banho-maria.

O medo do novo pode nos travar na busca de um novo projeto de vida.

O medo do desconhecido pode nos tornar inseguros.

Avançar quando o horizonte está claro é uma tarefa fácil.

Avançar quando o horizonte está escuro é tarefa para quem aprendeu a viver.

A vida sempre nos coloca diante de situações em que saltar no desconhecido é o único caminho possível. Do contrário, não poderemos seguir adiante, não poderemos nascer para o novo.

É claro que há uma série de riscos nesse salto, mas saiba que, se você não saltar, jamais conhecerá a vida que está oculta atrás das nuvens escuras. Jamais vai tomar a decisão que mudará radicalmente seu mundo!

Existem situações na vida que exigem que a gente assuma uma postura radical e parta para o tudo ou nada. Se não corrermos riscos, não poderemos superar os obstáculos, pois certas coisas não se acertam por si sós. É preciso tomar uma decisão e ir até o fim, encarando de peito aberto as conseqüências de nossas ações.

As pessoas que não partem para o tudo ou nada correm o risco de perder a própria vida na ânsia de manter situações insustentáveis. Essa preciosa lição eu aprendi com um grande terapeuta chamado José Ângelo Gaiarsa.

Quando somos crianças, no entanto, nossos pais nos ensinam a ser cautelosos. Eles nos ensinam a refletir sobre as conseqüências de nossas decisões mostrando o perigo de agir sem pensar. Eles estão certos, pois não podemos viver impulsivamente.

O problema é que, muitas vezes, eles exageram na dose do remédio e os filhos se transformam em adultos que pensam tanto nas possíveis conseqüências negativas de suas ações que acabam bloqueando a própria vida. Os pais insistem tantas vezes para que a criança conte até 10 antes de agir que ela passa a contar até 10 milhões antes de fazer qualquer coisa!

Com medo de fazerem bobagens, esses adultos bloqueiam a capacidade de se arriscar. Em vez de realizarem seus projetos, eles se preocupam em não cometer erros. E o pior é que terão sucesso na empreitada: não errarão quase nunca, mas também não farão o que desejam.

Sem perceberem, essas pessoas assumem um risco ainda maior: o risco de viver sem errar. Elas são tão exageradamente cautelosas que estão sempre indecisas e, quando conseguem tomar uma atitude, o passarinho já voou.

Isso não quer dizer que seus pais sejam responsáveis por sua maneira de agir. É somente uma explicação de como aprendemos a agir desse jeito. Mas, agora, a vida está em suas mãos. Eles já fizeram a parte deles, agora é você que deve decidir como agir. Sem desculpas nem acusações.

E então, está com medo de saltar no desconhecido?

Não fique muito preocupado, tente!

Já pensou se der certo? Sempre existe a chance de dar errado, mas como você vai saber se não arriscar? Se não ousar, se não errar, como saberá até onde pode chegar?

Não fique com medo de não acertar, pois os erros fazem parte da trajetória de quem vive de verdade.

Afinal, a vida não é um quadro pronto, e sim uma obra de arte que se revela com uma nova pincelada a cada dia...

Tenho certeza de que mesmo gênios como Picasso e Dalí erraram em seu trabalho algum dia, mas foram capazes de aprender com esses erros, corrigi-los e criar majestosas obras de arte.

HORA DA ESTRÉIA

"Tem gente que vive sem nunca estrear!"

Carla Cristina Bojorque

Eu vejo tantas pessoas que ficam esperando a hora de começar a viver.

Elas esperam o momento perfeito para buscar o emprego ideal...

A pessoa certa para se apaixonar...

A professora perfeita para começar a estudar...

Elas sonham com o que a vida pode ser, mas na hora H não partem para a ação.

Existe sempre um "mas" no meio do caminho.

Sempre encontram um defeito na pessoa para não mergulhar na relação...

Sempre aparece um obstáculo no caminho, um desafio a ser superado antes de começarem a viver de verdade: um trabalho por terminar, uma conta a pagar, problemas no casamento, na empresa, com os filhos...

Fazem muitas coisas, mas sem intensidade, sem se expor nem se arriscar para valer.

Por não se darem conta de que o tempo está passando, vão desperdiçando a vida até que um dia percebem que, se ficarem esperando o fim dos obstáculos, sua vida nunca vai começar, pois eles sempre estarão ali, esperando para ser superados. Na verdade, esses obstáculos são uma parte fundamental da vida de verdade.

A compreensão de que não existe felicidade pronta é um dos primeiros passos para a felicidade. Afinal, ser feliz é viver.

Por isso, não adianta ficar esperando o momento e o lugar certo, a situação ideal, a pessoa perfeita para partir para a ação, para estrear no palco da vida. O espetáculo não começa somente quando essas condições ideais se concretizam, ele está acontecendo agora.

Há, no entanto, pessoas que nunca conseguirão estrear no palco da vida!

Elas se formam em Jornalismo, mas nunca se tornarão jornalistas.

Elas têm filhos, mas nunca serão pais ou mães.

Elas se casam, mas nunca amarão...

Elas estão sempre se preparando e ensaiando e não querem assumir o risco de ver que sua apresentação não foi aplaudida de pé. Acabam não vivendo de verdade, pois a beleza da vida se manifesta quando você se lança totalmente à cena, quando você diz sim à vida e abraça todas as suas tristezas e alegrias, obstáculos e superações, virtudes e defeitos.

É assim que nos entregamos ao jogo da vida: aceitando tudo o que ela nos traz mesmo que nos pareça difícil, pesado e triste demais. Porque viver é aprender a fascinante arte de arriscar. É desenvolver a coragem de ir ao encontro dos chamados da vida.

Você não pode escolher a maneira como vai morrer nem o dia em que isso acontecerá, mas pode decidir como vai viver agora, neste exato momento.

Lembre-se: a vida está pulsando a todo instante, dentro e fora de nós. O tempo não espera ninguém, por isso pare de esperar até que você:

- Termine a faculdade.
- Perca 5 quilos.
- Tenha condições de se casar.
- Tenha filhos.
- Crie os filhos.
- Consiga o divórcio.
- Compre um carro ou uma casa nova.
- Chegue à aposentadoria.
- Faça sucesso com sua música.

- Termine seu drinque.
- Morra!

Decida que o único momento em que as coisas podem acontecer é agora.

Se continuar esperando, você nunca vai viver de verdade.

O sofrimento conhecido vai dominar sua vida, e os passarinhos vão continuar voando!

Você nunca partirá para o tudo ou nada nem correrá o risco de encontrar um amor na vida ou de mudar de profissão, muito menos de se separar e conseguir ser feliz. Porque, em vez de aproveitar os passarinhos que voam à sua frente, estará olhando para o futuro que nunca chega.

Mas, se vivermos um dia de cada vez, viveremos todos os dias de nossa vida. Essa é uma mensagem bastante simples, mas muito profunda, que estimula cada um de nós a assumir a responsabilidade pela construção de nossa felicidade.

Uma antiga história *zen* conta que, muito tempo atrás, havia dois povoados em certa região montanhosa do Nepal cujos moradores eram inimigos mortais. O ódio mútuo já durava alguns séculos, e os anciãos aconselhavam os mais jovens a evitar conversas com as pessoas do outro povoado.

Essa orientação foi transmitida de pai para filho. E, como mandava a tradição, cada um passou a ensinar seu filho a odiar as pessoas do povoado adversário. Mas não era fácil para os pequeninos assimilar essa tradição. Você sabe como são as crianças: por mais que recebam uma ordem, querem sempre testar os limites e experimentar. Além disso, não resistem à curiosidade de conhecer outras crianças.

Certo dia, um garoto de um dos povoados cruzou o caminho de um menino do outro povoado. Não resistiu e perguntou aonde ele ia.

– Não vou nem volto, simplesmente deixo que as nuvens me levem – ele respondeu.

O primeiro garoto ficou surpreso. Fizera uma pergunta muito simples, e a resposta era incompreensível. Então pensou:

– Meu pai tem razão sobre o pessoal desse povoado. O que o garoto fez foi me humilhar.

O menino ainda tentou esconder o fato do pai, mas não resistiu e acabou contando:

– Pai, eu cometi um erro grave. Você me avisou muitas vezes para não falar com o pessoal do outro povoado, mas não resisti e conversei com um menino de lá.

Ele repetiu para o pai o diálogo que tiveram. O pai ficou revoltado e disse:

– Você não aprende. Tantas vezes eu lhe avisei e você faz essa bobagem. Nosso povoado foi humilhado. Agora o menino certamente está contando ao pai o que aconteceu e todo mundo está rindo de nós. Precisamos tomar uma atitude para resgatar nossa dignidade. Vou lhe explicar o que você deve fazer: amanhã, quando encontrar esse garoto, vá até ele e faça a mesma pergunta. Quando ele responder "não vou nem volto, simplesmente deixo que as nuvens me levem", diga: "Um dia as nuvens se transformarão em chuva e você ficará no vazio". Entendeu? Então repita o que tem a fazer.

Pai e filho ficaram ensaiando o diálogo que deveria ocorrer no dia seguinte. Treinaram por várias horas até que chegou o momento da vingança. Quando o garoto viu o menino do povoado vizinho, correu na direção dele e perguntou:

– Aonde você vai?

E o outro respondeu:

– Aonde minhas pernas me levarem.

Novamente o primeiro garoto ficou surpreso. Não era possível, fora enganado de novo! Quando voltou para casa, o pai lhe perguntou sobre o diálogo. Ao ouvir o que havia acontecido, ficou enfurecido e disse:

– Eu não avisei? Eles não prestam. Querem sempre nos ridicularizar. De novo você foi derrotado pelo filho daquele sem-vergonha. Agora precisa fazer algo para resgatar nossa honra. Amanhã vai falar com ele e fazer a mesma pergunta. Quando ele responder "aonde minhas pernas me levarem", diga: "Você tem de obedecer ao seu coração". Entendeu? Você não pode falhar. Se perder mais uma vez, seremos humilhados para sempre.

E novamente eles ensaiaram o diálogo horas a fio até que chegou o grande momento. Quando o garoto viu o menino do povoado vizinho, foi até ele e novamente perguntou:

– Aonde você vai?

E o outro respondeu:

– Vou ao mercado comprar frutas.

A lição dessa história é a seguinte: apesar de todos os preparativos, a vida é como um rio. Ela tem o próprio fluxo. Você quer o controle para obter a resposta planejada, mas ela simplesmente diz "vou ao mercado comprar frutas". A vida não vai ao mercado comprar frutas para chatear você, vai porque quer frutas e elas são vendidas no mercado.

Se a vida responder "vou ao mercado comprar frutas" em vez de "aonde minhas pernas me levarem", não se sinta traído. Infelizmente, quando o que esperamos não acontece, temos a tendência de nos sentir passados para trás. Então, em vez de buscarem compreender o percurso do rio da vida, tratamos de nos preparar para não ser passados para trás novamente. Vamos ensaiar para ter uma resposta na ponta da língua quando a situação se repetir.

A vida, no entanto, não respeita ensaios. Ela tem um vaivém natural. Ela é sempre surpreendente como um jogo teatral de improviso!

A única maneira possível de se preparar é estar aberto para recebê-la com atenção, gratidão, coragem e firmeza, pois a vida não obedece à lógica humana. Tanto é assim que, quando pensamos que a compreendemos, logo deparamos com um acontecimento imprevisto que muda totalmente nossa percepção.

Quantos casais você já viu fazendo planos para a velhice e, em razão disso, organizando toda uma vida até que um dia o marido ou a mulher simplesmente se apaixona por outra pessoa e parte?

Quantos pais administram seus negócios para que o filho os assuma no futuro até que um dia o herdeiro anuncia que vai morar no Tibete, pois não tem nada a ver com aquele estilo de vida?

A verdade é que, se você quiser manter o controle sobre tudo o que vai acontecer em sua trajetória, pagará um preço alto por isso. Afinal, muitos aprendizados nascem do inesperado. Até as dificuldades por que passamos podem ser percebidas como oportunidades de aprimoramento.

Quando alguém, por exemplo, está enfrentando uma provação muito grande, como uma doença grave, essa situação pode ser encarada como uma chance de temperar o espírito e desenvolver melhor certas capacidades.

Todo atleta sabe que, quando faz exercícios sem se esforçar, está simplesmente mantendo a forma. Mas quando vai além do confortável ele se aperfeiçoa. O mesmo acontece na escola: evoluímos quando batalhamos para aprender uma lição mais difícil.

Isso nos mostra que exercícios fáceis não levam ninguém adiante. São os momentos desafiadores que nos conduzem à superação, que fazem de nós pessoas melhores. É nossa capacidade de resistir ao desânimo e buscar energia no fundo da alma que nos transforma em pessoas especiais.

Quando a dor de não viver a vida que você quer ficar insuportável ou a consciência da vida que você pode ter tornar-se irresistível, o salto no desconhecido será inevitável.

Quando sua consciência mostra tudo o que você pode viver, não existe medo nem desculpa que consigam impedi-lo de lutar para ser o que você é capaz de ser.

CAPÍTULO 3 ESCOLHAS DA VIDA

AS PESSOAS QUE MUDARAM DRASTICAMENTE SUA VIDA TIVERAM A CORAGEM DE FAZER ESCOLHAS RADICAIS.

A esta altura, você deve estar se perguntando:

– Quais são as situações em que preciso ter uma atitude tudo ou nada na vida?

Sem dúvida, as atitudes radicais não devem ser sua rotina de vida, pois isso criaria muitos problemas desnecessários, destruiria relacionamentos importantes e, principalmente, não ensinaria você a discernir quando é importante persistir ou desistir.

Mas é preciso aprender a identificar as situações que exigem uma postura tudo ou nada. Existem basicamente dois tipos de circunstâncias que requerem atitudes radicais. Vamos agora entender melhor cada um deles.

1. SITUAÇÕES EM QUE VOCÊ JÁ TENTOU DE TUDO

Há certas ocasiões em que já buscamos todas as soluções possíveis, mas não notamos nenhum resultado. Em alguns casos, existem até sinais de que as coisas estão piorando.

Se você notar alguma situação que o incomoda muito e que vem tentando sustentar, analise bem o caso: talvez esteja na hora de partir para o tudo ou nada. Veja alguns exemplos que poderão ajudá-lo a refletir:

- Você trabalha em uma empresa cujos donos deixaram a gestão do negócio a cargo dos filhos irresponsáveis, que não cuidam da companhia, apenas torram o dinheiro em gastos pessoais. Sua vida se resume na tarefa de apagar os incêndios que eles criam e você nunca consegue realizar seu trabalho de verdade. Está na hora de mudar de empresa!
- Você tem um sócio, mas ambos estão sempre brigando porque ele insiste nas práticas ilegais e a confiança mútua desapareceu? É o momento de encerrar a sociedade!
- Você está casada com um homem violento e já tentou de tudo, mas ele continua agressivo e perde o controle cada vez mais depressa? É hora de acabar com esse drama!

Nas circunstâncias em que evoluir não é possível, temos de realizar uma revolução!

Na maior parte das vezes, uma ruptura é positiva para todas as pessoas envolvidas na situação. Os herdeiros irresponsáveis provavelmente vão, de início, comemorar sua saída porque haverá uma pessoa a menos para cobrar responsabilidade por parte deles. Quando acordarem, porém, eles se arrependerão por perder um profissional tão competente e terão a chance de refletir sobre as atitudes que vêm tomando.

O sócio que não tem valores vai ganhar uma ótima oportunidade de mudar de vida. E o ex-marido violento poderá perceber quanto o comportamento dele é destrutivo.

Parece que, se não acontecer algo dramático em sua vida, as pessoas não caem na real, não mudam, ficam inertes, estagnadas, não seguem adiante. Mas atenção: mudar ou não mudar é uma decisão que somente elas podem ou não tomar.

Você não pode mudar a vida de ninguém!

Cada um é responsável por seus atos.

O que você realmente pode fazer é cuidar bem de si mesmo. Assim, se tomar a decisão de mudar, as pessoas em seu redor notarão que não estão agindo de forma inteligente, correta ou positiva e também poderão mudar de atitude. Nesse sentido, uma decisão sua pode, sim, gerar transformações em seu ambiente, mas nada garante que isso acontecerá. O melhor é não desperdiçar sua vida com pessoas complicadas.

Se você sentir que está precisando partir para o tudo ou nada, arranje coragem e tome sua decisão! Não fique esperando que a vida lhe traga um ataque cardíaco para mudar. Mesmo que você se arrisque a perder muitas coisas, tenha certeza de que, em momentos assim, qualquer decisão que tomar será melhor do que ficar sofrendo, esperando que tudo se resolva por si mesmo.

Compreendo que não é fácil partir para o tudo ou nada. Quantas vezes prolongamos uma situação insuportável apesar de já saber que caminho devemos seguir?

Quantas vezes já tomamos a decisão necessária, mas adiamos sua execução?

Quantas vezes protelamos uma decisão com medo de prejudicar os outros e freqüentemente fazemos a situação piorar ainda mais?

Quantas vezes preferimos continuar a sentir uma dor pequena e eterna a sentir uma dor grande e passageira?

O problema é que, ao adiarmos nossas ações, estamos bloqueando as revoluções da vida. Enquanto isso, o tempo passa e as oportunidades também. Lembre-se: não dá para fazer uma omelete sem quebrar os ovos!

2. SITUAÇÕES EM QUE SUAS ATITUDES ESTÃO PREJUDICANDO VOCÊ

Nesse caso, as pessoas mantêm um padrão de atitudes que as prejudicam muito, um jeito de fazer as coisas que as impede de seguir adiante.

Muitas vezes só percebemos quanto nosso modo de agir é prejudicial quando chegamos ao fundo do poço, quando a perda é inevitável e as lágrimas também. Nesse momento, talvez você chegue à conclusão de que:

- Se continuar sendo uma pessoa agressiva com seu companheiro, essa atitude poderá levar ao fim do relacionamento.
- Se não mudar sua maneira desleixada de trabalhar, vai acabar sendo demitido, como aconteceu nos empregos anteriores.

- Se não parar de usar drogas constantemente, talvez não consiga parar até tomar uma *overdose* fatal.

Em situações assim, enquanto você não fizer uma mudança radical em sua vida, suas atitudes continuarão a prejudicá-lo. Para evitar que isso aconteça, nada melhor do que repensar suas atitudes, tentando identificar o que tem feito com sua vida.

Se preferir, converse com um amigo ou com seu companheiro a respeito de seu modo de agir. A opinião de outra pessoa sempre ajuda a nos vermos de um jeito diferente.

Pesquisas desenvolvidas pelo professor de Psicologia da Universidade do Texas James W. Pennebaker – e apresentadas no livro *Opening Up – The Healing Power of Expressing Emotions* [Abra seu Coração – A Força Curadora da Expressão das Emoções] – mostram como o ato de falar sobre nossos pensamentos e sentimentos pode ser importante para nosso desenvolvimento e nossa saúde. Segundo ele, ao transpor para a linguagem os sentimentos e os pensamentos relativos a uma situação, alteramos a maneira como representamos e compreendemos os acontecimentos. Isso nos leva a refletir sobre nossa forma de agir. Para Pennebaker, quando expressamos algo através da linguagem, escrita ou falada, podemos entender melhor nossas experiências dolorosas e, finalmente, deixá-las para trás.

Assim, ao compartilhar suas idéias com os outros, você poderá obter uma nova compreensão de suas atitudes e despertar, pois perceberá as mudanças que é preciso realizar antes que seja tarde.

NUNCA MAIS...

Tomar uma atitude tudo ou nada é assumir um compromisso com o "nunca mais".

As pessoas que transformaram sua vida tiveram a coragem de gritar um "nunca mais", de dar um basta em situações e atitudes do passado e de fazer verdadeiras revoluções em seu caminho.

No filme 2 *Filhos de Francisco*, o pai de Zezé Di Camargo e Luciano dá um maravilhoso exemplo do que significa assumir uma atitude tudo ou nada e dizer "nunca mais". Trabalhando em um sítio arrendado, ele enfrenta dificuldades para conseguir alimento para os filhos. Cansado daquela vida, certo dia diz à esposa:

– Não quero mais isso para nossa vida! Nunca mais!

Assim, ele e a esposa abandonam o sítio para morar na cidade. Com muito sofrimento e luta, conseguem mudar a vida da família.

Muitas vezes um profissional percebe que, por não ter curso universitário, fica muito limitado no desenvolvimento de sua carreira. Um dia esse nível de frustração chega a um ponto em que ele diz a si mesmo:

– Nunca mais quero perder uma promoção por não ter feito faculdade!

No dia seguinte, ele decide se matricular em um cursinho, e começa o sacrifício de voltar a estudar: trabalhar pesado durante o dia e estudar à noite. Mas, após alguns anos, ele se lembra com gratidão do momento em que teve a coragem de gritar "nunca mais".

Há também o caso do profissional supercompetente, que sabe executar bem seu trabalho, mas não resiste à tentação de falar mal dos outros. Acreditando que suas fofocas não terão grandes conseqüências, segue adiante até se envolver em mais uma briga.

Ele tem consciência de que esse modo de agir prejudica sua carreira, pois, depois de algum tempo, acaba sendo demitido de ótimos empregos. Um dia, enquanto está sentindo a dor de mais uma dessas demissões, a ficha cai e ele diz a si mesmo:

– Nunca mais serei demitido por ter feito uma fofoca!

É claro que o despertar da consciência vai mudar totalmente a carreira desse profissional, ampliando suas chances de ser bem-sucedido.

Isso também pode acontecer com o jovem universitário que, todos os anos, é reprovado em alguma matéria. Ele vive em festas e não tem nenhum comprometimento com a construção de uma carreira responsável. Um dia acorda e dá um basta na irresponsabilidade dizendo:

– Nunca mais serei reprovado!

Nesse dia, ele começa uma nova vida. Uma vida que será tão ou mais desafiadora do que a anterior. Mas, em compensação, também será muito mais promissora..

Se você notar que está vivendo aquém de suas capacidades e tiver certeza de que pode ir além, está na hora de dizer "nunca mais" e ter a coragem de assumir uma nova atitude!

VIVENDO INTENSAMENTE

Um dia destes eu ouvi um terapeuta chamado Prem Milan falar sobre a construção de uma bomba atômica. Não sei se ele conhece bem o assunto, mas certamente sabe muito sobre gente. Ele disse:

– É muito simples construir uma bomba atômica. Você precisa apenas de 4 quilos de urânio enriquecido. Sabe o que é urânio enriquecido? É um tipo de urânio com um elétron especial que tem mais energia do que o normal. Pois bem, é preciso ter 4 quilos de urânio. Se você tiver 3 quilos e 999 gramas, não será possível fazer uma bomba atômica. Mas, quando você coloca 1 grama extra, a coisa explode!

Ele me fez pensar nas inúmeras pessoas que se esquecem desse grama extra. Você já parou para refletir sobre as coisas que não deram certo em sua vida porque não usou a quantidade adequada de energia? Você até se esforçou, mas não chegou aos 4 quilos. Parou um pouquinho antes do que seria necessário para fazer a coisa acontecer...

Talvez você tenha esquecido que precisava de uma energia especial e aplicou apenas uma energia comum. Mas, se não for urânio enriquecido, não adianta, a bomba não vai explodir!

Existem, por exemplo, atletas que treinam muito, mas não conseguem a tão esperada vitória. No fundo, o que prejudicou a performance deles foi o fato de que nunca entraram com intensidade total nos treinos nem nas competições. Eles poderiam até treinar menos tempo se tivessem empregado uma energia especial, mas apenas se exercitaram horas a fio sem dar o máximo!

Há estudantes que se preparam para as provas, mas as notas não reproduzem o esforço. É que não deram essa energia especial na hora de estudar e, pior ainda, não tiveram uma atitude tudo ou nada no momento da prova. É lógico que não podemos generalizar e dizer que o estudante não passou porque não se dedicou, mas é sempre bom verificar se a energia aplicada foi adequada.

Penso também nos pais que passam boa parte de seu tempo com os filhos, até brincam com eles, mas não se entregam de verdade a esses momentos e não possibilitam que o amor floresça.

É por isso que a vida de tantas pessoas fracassa apesar de muita luta. Elas desperdiçam as oportunidades simplesmente porque são preguiçosas. Perdem os passarinhos da vida porque não percebem que, para colher os frutos de nosso esforço, precisamos nos dedicar para valer! Elas não sacaram que os resultados aparecem quando entramos com tudo no que fazemos e quando agimos com paixão.

Essas pessoas desistem um pouquinho antes do que deveriam, investem 1 grama a menos do que seria necessário para fazer a bomba explodir. E o resultado costuma ser tão ruim que parece que não fizeram nada para que seus sonhos se realizassem.

Faltou, no entanto, só 1 grama de energia para curtir o amor do filho, faltou só um pouco mais de ousadia para conquistar o companheiro ou a companheira desejada, para lançar o livro engavetado, para obter a bolsa de estudo, para ganhar a causa no julgamento, para fechar o negócio, para ter paz de espírito...

O que isso nos mostra? Bem, fica claro que, quando nos dedicamos a um projeto, precisamos nos entregar de maneira completa.

A entrega tem de ser total, senão a vida não acontece! Não desista enquanto você ainda for capaz de um esforço a mais. Nada termina até o momento em que se deixa de tentar.

Quem se dedica "mais ou menos" ao alcance de seus objetivos acaba obtendo resultados medíocres.

Quantas pessoas vivem uma série de relacionamentos afetivos e de repente, ao olhar para trás, se dão conta de que nunca criaram nada significativo?

Mais uma vez, o problema não está nos outros, e sim na intensidade com que essas pessoas mergulharam em suas relações.

As pessoas que amam "mais ou menos" certamente acabam na solidão!

Um grama a mais de urânio enriquecido e tudo seria diferente...

Um grama a mais de intensidade e teriam saboreado o resultado de sua dedicação...

CAPÍTULO 4 A JORNADA DO TUDO OU NADA

SE VOCÊ OBSERVAR A VIDA DAS PESSOAS, VAI PERCEBER QUE AS SITUAÇÕES SEGUEM UM CERTO CICLO. EXISTEM FASES EM QUE AS COISAS ESTÃO EM CALMARIA QUANDO, DE REPENTE, SURGE UM PROBLEMA APARENTEMENTE SEM SOLUÇÃO. ASSIM, MERGULHAMOS EM BUSCA DA SOLUÇÃO DESSE PROBLEMA ATÉ VOLTARMOS A VIVER EM UMA FASE DE CALMARIA. MUITAS VEZES, NÃO NOS DAMOS CONTA DE QUE RETORNAMOS PARA A TRANQÜILIDADE DO MUNDO QUE NOS É CONHECIDO ATÉ CHEGAR UMA OUTRA SITUAÇÃO QUE NOS MOVE PARA UM NOVO CICLO DESCONHECIDO.

É por isso que, quando surge um novo desafio, é comum ficarmos chateados. Afinal, já estávamos acostumados com a vida que havíamos criado e, com a chegada do desafio, somos convidados, mais uma vez, a partir para uma nova luta.

É por isso que muitos pais costumam ficar revoltados quando o filho resolve, por exemplo, mudar de profissão. Eles pensam:

– Para que esse garoto foi se meter de novo em uma encrenca, se estava tudo certo?

É por isso que um companheiro costuma ficar magoado quando o outro decide, por exemplo, mudar alguma rotina na vida do casal.

Tudo porque, quando a gente decide mudar, a vida das pessoas que estão ao nosso redor costuma ficar de pernas para o ar!

Se você parar uns minutos para refletir sobre o funcionamento de sua vida, vai se dar conta de que houve muitos ciclos de calmaria e tempestade. É como se sua estrada fosse um rocambole, cheio de camadas que se alternam. Agora, pense em alguns ciclos pelos quais já passou.

Você estava confortável em sua cidade e, de repente, surgiu uma oportunidade há muito desejada: uma promoção. Com um único senão: você vai precisar trabalhar em outra cidade. Nessas situações, parece que a vida sempre tem uma encrenca preparada para nós. você está tranqüila em sua vida de solteira e, de repente, encontra o homem da sua vida, mas ele mora na Inglaterra!

Isso mesmo: gostaria muito que você pensasse em situações similares a essa. E responda a si mesmo, com sinceridade: o que acontece quando você está quieto em seu canto e, de repente, uma situação conflitante é jogada em seu colo?

Bem, você pode simplesmente tentar escapar da convocação para o novo ciclo e continuar na calmaria, deixando o desafio adormecido. Mas ele provavelmente reaparecerá em sua vida, em uma situação futura.

Esse é o caso de alguns amigos meus que têm sócios desorganizados e irresponsáveis. Em certo momento, a empresa começa a dar sinais de problemas financeiros. Uma crise dessa é uma convocação para uma aventura, em que assuntos desagradáveis terão de ser enfrentados e muitas pessoas poderão ser machucadas. Alguns decidem enfrentar a crise; outros, adiar o enfrentamento. Aqueles que decidem adiar terão de encarar outra crise ainda maior lá na frente, que deixará evidente, mais uma vez, a necessidade de fazer uma reestruturação na empresa, com todos os desafios dignos de uma grande jornada.

Resumindo: o melhor é enfrentar a encrenca. Nesse caso, é claro, você precisará lidar com os adversários e os aliados da jornada. Normalmente, há um momento em que as dificuldades parecem tão grandes que pensamos em desistir. Nesse instante, sempre surge alguém ou algo que nos dá uma força para continuar. Até que, depois de algumas batalhas, podemos comemorar a vitória.

O fato é que o caminho que você, eu e cada uma das pessoas que vivem neste planeta precisa percorrer é cheio de desafios que nos levam a crescer, a desenvolver habilidades que nem nós mesmos sabíamos existirem em nós. Se pudéssemos acompanhar as histórias de todas as pessoas ao longo do tempo, provavelmente chegaríamos à conclusão de que, apesar das diferentes experiências pelas quais passamos, a estrada que trilhamos é repleta de curvas bastante similares. Todos nós temos uma vida que se alterna entre momentos de calmaria e momentos de convocação para novos desafios. Aceitar essas convocações faz a gente se tornar pessoas melhores.

O mitólogo norte-americano Joseph Campbell estudou histórias de antigos mitos e identificou um fio condutor comum em todas elas. A esse fio Campbell chamou Jornada do Herói. Baseando-se nesses estudos, o professor Edvaldo Pereira Lima, da Escola de Comunicações e Artes da USP, adaptou essa abordagem mitológica para o mundo cotidiano das pessoas de carne e osso, testando-a experimentalmente.

Para ele, esse fio que une as histórias dos heróis é o mesmo que une a estrada que todos os seres humanos percorrem durante a vida.

No livro *O Herói de Mil Faces*, Campbell nos apresenta as diversas etapas que compõem essa jornada. Esse esquema é bastante utilizado nos filmes de aventura hollywoodianos. Se você observar esses filmes, perceberá que eles têm em comum um mesmo fio condutor. Por exemplo, o lutador de boxe Rocky é um rapaz simples, quase um perdedor que, de repente, é convidado a lutar contra um campeão mundial e se torna também um campeão. Já o veterano de guerra Rambo tem uma vida comum até ser chamado a voltar ao cenário da guerra para resgatar companheiros que ficaram prisioneiros. Então, torna-se um verdadeiro herói. O mesmo se passa com Luke Skywalker em *Guerra nas Estrelas* e nos diversos filmes da série *Indiana Jones*.

O escritor Christopher Vogler detalhou a jornada do herói descrita por Campbell em doze passos. A seguir, você acompanhará uma breve descrição adaptada de cada um desses passos. Vamos utilizar pequenas histórias como exemplo. O interessante é que você tente, a partir dos exemplos apresentados, prestar atenção em sua própria vida. Possivelmente, perceberá que já percorreu esses passos algumas vezes em uma de suas jornadas de tudo ou nada e, provavelmente, vai poder se guiar por eles nas que ainda virão.

PASSO 1: O MUNDO COMUM

É o momento em que você está vivendo em seu mundinho tranqüilo e frágil. É o seu cotidiano conhecido, sem surpresas ou desafios. Por exemplo, uma mulher está bastante contente com sua vida, tem um bom emprego, ama o namorado e se dá muito bem com ele. Sua saúde está perfeita, os pais e irmãos seguem a vida sem grandes percalços. Aparentemente, não há nenhum grande desafio a enfrentar a curto prazo.

PASSO 2: O CHAMADO À AVENTURA

O chamado à aventura acontece quando algo em seu mundo surge e o motiva a sair da situação de conforto na qual se encontra. É quando acontece uma surpresa que o coloca em frente a um desafio.

Às vezes é uma doença que o impulsiona a lidar com uma série de tratamentos e limitações que antes não existiam. Em outros casos, uma necessidade de mudar de emprego, de cidade, de país... Ou uma oportunidade para abrir um negócio, conhecer outras pessoas, fazer uma pós-graduação. É como se, por trás de uma perda ou de uma conquista, a vida lhe oferecesse uma chance para você se colocar diante de novos desafios.

O avô de minha esposa era um italiano superpacato. Depois de uma infância difícil, conseguiu construir uma vida confortável e estável. Quando já tinha seu próprio negócio e podia cuidar da família com mais tranqüilidade, trabalhando com dedicação e amor, estourou uma das grandes guerras que assolaram a Itália. E lá foi ele servir ao exército do país, depois de ser convocado. Conclusão: ele acabou participando de três guerras que envolveram a Itália e, mesmo batalhando no corpo a corpo, pasme, sobreviveu a todas elas! Certamente, um dos maiores troféus de suas jornadas foi sobreviver e poder voltar a conviver com a esposa e a filha.

Voltando ao exemplo apresentado no item 1, imagine que aquela mulher sem desafios a enfrentar a curto prazo tivesse engravidado, embora não o desejasse. Essa gravidez representa um grande chamado à aventura, pois ela não pensava em ter de lidar com um filho agora, em se casar, em reorganizar seu orçamento e todo o seu dia-a-dia. Suas preocupações se restringiam ao seu próprio mundo, não existia alguém cuja vida dependesse dela.

PASSO 3: A RECUSA DO CHAMADO

Como bem observa Campbell, geralmente os heróis – que, em potencial, somos todos nós – recusam os chamados em um primeiro momento. Preferimos permanecer em nosso confortável lugar a ter de desbravar novos mundos. Preferimos acreditar que o mundo é quadrado a arriscar descobrir terras paradisíacas além do horizonte.

No fundo, não acreditamos em nossa capacidade de enfrentar esse desafio. Essa recusa aos chamados da vida faz parte de nosso processo de desenvolvimento. Mas enquanto continuarmos negando seguir adiante não seremos capazes de nos desenvolver.

Pensando no exemplo da mulher que ficou grávida, podemos pensar que ela vai recusar a gravidez? Talvez. Pode ser que ela pense em maneiras de não lidar com aquela situação agora. Se não houver restrições morais, possivelmente pensará em aborto. Ainda que não admita essa hipótese, passará por sua cabeça a idéia de que a gravidez poderá não dar certo. Inconscientemente, ela começa a torcer para que aquela situação não prossiga e evitará, pelo menos em um primeiro momento, pensar nas conseqüências do chamado.

E você, lembra-se de quantas vezes tentou recusar um chamado à aventura?

PASSO 4: O ENCONTRO COM O MENTOR

No momento em que você está prestes a desistir, a negar o chamado, aparece um conselheiro que o inspira e motiva a seguir a jornada. Normalmente, quem exerce esse papel é o mentor, uma pessoa mais experiente que já enfrentou muitas jornadas.

A função do mentor é nos ajudar a encarar o desconhecido para que possamos seguir nossa estrada. Na maioria das vezes, quem exerce esse papel é o pai, a mãe, um irmão, um amigo, um professor, um chefe, um companheiro... Tente se lembrar agora de quem, um dia, já ajudou você a seguir adiante.

Essas pessoas são como anjos que surgem em nosso caminho e nos fazem repensar nossa decisão de recusar os chamados da vida. Então, mesmo não sabendo o que encontraremos nos próximos capítulos, topamos o desafio.

Vamos pensar na mulher que está grávida. Em meio a sua angústia, ela dá a notícia ao namorado. Ele também pode aceitar o chamado ou não. Pode ficar empolgado com a idéia de ter um filho e decidir apoiá-la no que for preciso. Ou então ficar assustado e decidir desaparecer. Nesse caso, pode ser que a mãe dela a apóie. Outra possibilidade é o namorado abandoná-la e a família criticá-la. Então, um tio poderá aparecer e dar a maior força a ela...

Enfim, o fato é que o apoio que recebemos nos faz continuar nossa jornada. E você, quantas vezes já aceitou um chamado à aventura?

PASSO 5: A TRAVESSIA DO PRIMEIRO LIMIAR

Nessa etapa, abandonamos o mundo que conhecíamos e entramos em um ambiente desconhecido, muitas vezes aparentemente hostil. Lembro-me da história de minha mãe. Filha de colonos, ela nasceu no interior do Paraná e conviveu com a dura realidade da pobreza na fazenda. Esse era seu mundo comum. Cansada daquela vida e decidida a construir um futuro diferente, ela relutou muito até decidir partir para Santos, em busca de trabalho. Sozinha e sem dinheiro, foi ser doméstica em casas de família. Ou seja, minha mãe atravessou o primeiro limiar e começou sua jornada de heroína ao abandonar seu mundo conhecido e buscar um outro mundo.

Não é difícil imaginar a travessia do primeiro limiar no caso da mulher grávida de nossa história. Bem, logo que seu corpo começar a se transformar, ela perceberá que a jornada não vai ser tão fácil assim. Terá de superar os famosos enjôos. Terá de trabalhar, embora muitas vezes esteja se sentindo mal.

PASSO 6: A AVENTURA DE VERDADE – MUITOS DESAFIOS, ENCONTROS COM ALIADOS E ADVERSÁRIOS

É aqui que se inicia a aventura propriamente dita. É quando você vai enfrentar testes para verificar se está mesmo qualificado, se é digno de vencer. Haverá ataques de adversários que querem impedi-lo de cumprir sua jornada. Mas também a ajuda de muitos aliados que buscam seu bem ou, estando em suas próprias jornadas, cruzam seu caminho.

Nessa etapa, suas habilidades, seus valores e sua força de vontade serão testados. A mulher grávida terá de encarar seus medos, enfrentar os percalços que uma gestação pode ter e batalhar a fim de conseguir os meios para cuidar de si própria e da criança que vai nascer. Enfrentar os fantasmas que vão passar pela cabeça e dizem que ela não conseguirá criar o filho sozinha, que uma criança sem pai terá muitos problemas... Enfim, ela realmente precisará desenvolver suas habilidades e agir empregando toda energia possível.

Voltando à jornada de minha mãe, eu me recordo muito de quando ela falava do médico que foi seu patrão logo que ela chegou para trabalhar em Santos e que lhe deu muita força. Inclusive lhe apresentou o jovem com quem ela se casaria mais tarde e seria meu pai. Mas ela também contava que a esposa do médico era muito dura e que, às vezes, isso a fazia pensar em desistir.

PASSO 7: A APROXIMAÇÃO DA CAVERNA PROFUNDA

Depois de passar por diversas ameaças menores, nas quais pôde se preparar e aprender mais sobre você mesmo, chega o momento de adentrar o submundo do mal. É hora de encarar um grande desafio.

Para alguns jovens, a aproximação da caverna profunda são os dias que antecedem o exame do vestibular. Para outros, que já estão na faculdade, pode ser o dia da formatura, quando os pais dizem que eles não terão mais o direito de viver com mesada.

Já no caso de uma mulher grávida que teve problemas durante a gestação, provavelmente, a caverna profunda se apresentará nos dias que antecedem o parto.

PASSO 8: A PROVAÇÃO SUPREMA

Na provação suprema, precisamos mostrar a nós mesmos nossa capacidade de superação. Somos levados a enfrentar o que mais tememos, nosso maior adversário. É como se, ao final da corrida, surgissem mais alguns metros de estrada na nossa frente e tivéssemos de correr ainda mais para garantir a chegada ao pódio.

Recordo a história de meus avós japoneses. Depois de passarem fome no Japão, decidem aproveitar o acordo firmado pelo país com o Brasil e resolvem vir para cá, em busca de uma nova vida. Acreditando que os maus tempos haviam terminado, embarcam em um navio e precisam enfrentar um desafio ainda mais terrível: passar dias e mais dias nos porões de uma embarcação em péssimas condições, em uma terrível viagem.

Agora, tente imaginar a intensa ansiedade e o profundo medo que uma mulher sente na hora do parto: receios e mais receios com relação à saúde da criança e aos próprios sentimentos diante do recém-nascido tomam conta de sua mente.

Bem, para alguns jovens, a provação suprema é o dia do vestibular. Aí é tudo ou nada. Não tem choro nem vela. Não tem proteção de pai nem de mãe. É ele diante da prova e o resultado no dia seguinte.

Pensando na caverna profunda, eu me lembro do dia em que o meu chefe de cirurgia falou:

– Roberto, hoje você não vai ser assistente; você será o cirurgião, o responsável pela cirurgia.

Até hoje sinto um certo frio na espinha quando me recordo dessas palavras. E você, quantas provações supremas já precisou enfrentar?

PASSO 9: A RECOMPENSA

Se conseguirmos superar a última prova, seremos devidamente recompensados. Não com medalhas, champanhe nem dinheiro – que também podem fazer parte da história –, mas especialmente com os preciosos aprendizados da jornada.

É o caso dos meus avós desembarcando no Brasil, depois da viagem, e encontrando uma terra amiga, onde vislumbraram a chance de prosperar. É o garoto que recebe a maravilhosa notícia de ter passado no vestibular. É a medalha olímpica do atleta que se dedicou uma vida inteira a treinos e competições.

No caso da mulher de nossa história, a recompensa será o inesquecível momento de receber seu filho nos braços. Já ouvi inúmeros relatos de mulheres que, nesse instante, retiram todas as roupas do bebê para se certificar de que tudo está bem, de que seu filho é uma criança saudável.

PASSO 10: O CAMINHO DE VOLTA

Não pense que a jornada termina quando você recebe sua recompensa, pois ainda é preciso voltar para casa depois de cumprida a jornada. A recompensa não chega pronta a nossas mãos, precisamos aprender a lidar com ela, a levá-la para nosso mundo conhecido. É claro que o grande desafio foi enfrentado, porém o mundo desconhecido ainda é hostil.

No caso de meus avós, terão de aprender a cultura e a língua do Brasil; já o garoto precisará cursar a faculdade; quanto à mulher, terá de carregar seu filho no colo, na saída da maternidade, com a certeza de que, agora, sua rotina será muito diferente. Ela precisará também se adaptar à maravilhosa e assustadora experiência de ser mãe. Terá de orientar seu filho, que, em algum momento, apresentará alguma dificuldade, seja de aprendizagem, seja de relacionamento.

PASSO 11: A RESSURREIÇÃO

Em muitas histórias, o herói morre, não de maneira real, mas simbólica. Porque é preciso morrer para a vida que um dia tivemos para renascermos na vida que merecemos. Afinal, durante a jornada, passamos por transformações e voltamos diferentes, aprimorados.

Alguns heróis morrem pela traição de seus companheiros. Outros se sacrificam por um bem maior, não esperando que esse sacrifício seja recompensado com a ressurreição. De qualquer forma, depois de uma experiência pelo mundo dos mortos, depois de encontrar a energia especial que armazenava em seu coração – sua energia de herói –, volta-se reformado, volta-se melhor. Às vezes, ganha-se a imortalidade. Não a imortalidade corpórea, mas a imortalidade espiritual.

Temos grandes exemplos de atletas que voltaram à ativa com pique total embora o mundo considerasse nulas as suas chances de recuperação. Por exemplo: Dunga depois da copa de 1990 ou Ronaldo depois da segunda ruptura dos ligamentos no joelho.

Não é muito fácil compreender como funciona esse processo de ressurreição em nossa vida real. O exemplo mais esclarecedor pode ser o daquela mulher que teve um câncer de mama e, depois de passar pelos inúmeros tratamentos e sofrimentos da jornada, volta para seu cotidiano transformada, sentindo-se grata pela vida que tem, enxergando tudo sob um novo prisma, mais colorido, mais leve, mais puro...

Imagine se a recém-mãe de nossa história voltasse para casa disposta a não mudar sua rotina. Seria impossível cuidar da criança.

Para exercer seu novo papel, será necessário abandonar muitas coisas da vida anterior. Do contrário, ela terá um filho, mas jamais se tornará uma mãe.

PASSO 12: O RETORNO COM O TROFÉU

Ao voltar ao mundo conhecido com a recompensa em mãos – que na maior parte das vezes é espiritual, e não material –, o herói traz prosperidade e segurança para seu entorno. Voltamos para nosso dia-a-dia modificados, renovados, tal como uma cobra que se livra de sua antiga pele.

Se formos reconhecidos como heróis de verdade, nossa história será contada para as próximas gerações. Como a história da mãe que, apesar de muitos desafios e dúvidas, levou adiante uma gravidez...

Depois de compreendermos os doze passos da jornada do herói, percebemos que a revelação de nosso poder interior somente acontece quando enfrentamos diversos tipos de desafio, encarando, principalmente, nossos fantasmas internos.

Talvez neste instante você reconheça que está recebendo um chamado à aventura. De repente, você descobriu que sua mãe está com uma doença grave. Não se esconda debaixo do cobertor! Esforce-se para acompanhá-la nas consultas ao médico, esteja ao lado dela nas sessões de tratamento. Lembre-se: cada um de vocês precisa encarar essa jornada do tudo ou nada.

Talvez neste momento você se dê conta de que está em uma caverna profunda, precisando lidar com inúmeras ameaças e incertezas. Saiba que, agora, é hora de buscar dentro de si todas as qualidades que vem aperfeiçoando ao longo de sua vida. Tudo o que você tem de mais forte e precioso dentro da sua alma: seu diamante. E se empenhar para que, com a força da lapidação, ele se torne um brilhante!

Respeite o medo que você poderá sentir nas diversas etapas da jornada, mas não deixe que ele o paralise. Aproveite esse estado de alerta para ter clareza sobre o caminho a seguir e a decisão a ser tomada. O medo faz parte da estrada. Até o mestre dos mestres, Jesus Cristo, em sua jornada, pediu ao pai autorização para afastar o cálice. Mas ele disse:

– Que seja feita a sua vontade!

Quando você estiver diante do cálice, faça o mesmo.

E não se esqueça de que a maior parte de todas as conquistas possíveis é descobrir os tesouros ainda desconhecidos que existem dentro de você.

CAPÍTULO 5 COMO PARTIR PARA O TUDO OU NADA?

DESISTIR DE MUDAR É MAIS FÁCIL DO QUE DECIDIR MUDAR.

As situações da vida que exigem soluções radicais precisam receber atenção total, pois desistir de mudar é mais fácil do que decidir mudar.

Temos uma capacidade infinita de adaptação e, por isso, podemos nos conformar facilmente com situações muito desagradáveis. É bastante comum, depois de trocarmos de emprego, de encerrarmos um relacionamento, enfim, de alterarmos alguma situação de sofrimento do passado, olharmos para trás e nos surpreendermos com a intensidade com que nos sujeitamos a certas circunstâncias insatisfatórias.

Claro que essa capacidade de adaptação nos ajuda muito quando precisamos superar uma situação especial da vida. Eis alguns exemplos:

- Ficar sem dormir para terminar um mestrado.
- Trabalhar meses sem nenhum dia de descanso para iniciar bem um negócio.
- Treinar 8 horas por dia para obter a melhor preparação possível para um campeonato mundial.
- Morar em outro país, longe da família, para fazer um curso de especialização.

- Viver meses em uma estação sideral porque a condição de astronauta assim exige.

Essas são todas situações difíceis que as pessoas enfrentam quando estão realizando seus sonhos.

Mas essa capacidade de adaptação, que tem a função fundamental de garantir a sobrevivência, pode nos atrapalhar bastante na hora de fazer uma mudança radical.

Muitas pessoas acabam se adaptando à escassez de amor, de reconhecimento, de oportunidade e de crescimento profissional. Assim, elas se enganam durante muito tempo, como se a pouca felicidade que alcançaram já fosse o máximo possível.

A capacidade de adaptação pode levar a pessoa a se conformar com a vida insatisfatória que tem e desistir de mudar assim que os primeiros obstáculos surgirem. Para que isso não aconteça, você precisa estar consciente de que toda transformação exige grande desprendimento – além de muita disposição para pagar o preço dessa mudança.

Você deve saber que dificuldades aparecerão em seu caminho.

Precisamos nos adaptar à ruptura da situação anterior e estar preparados para encarar os novos desafios.

Sem essa consciência, vamos parar no meio do caminho quando a primeira pedra surgir...

A tentação de desistir pode aparecer, mas seu comprometimento precisa ser mais forte que os convites dos falsos amigos para que você desista. Você tem de ser capaz, principalmente, de enfrentar aquela voz interior crítica que diz: "Não vai dar certo!"

Quando uma pessoa decide mudar e depois desiste, uma série de problemas pode surgir. Os outros, provavelmente, vão parar de levar suas promessas a sério. O pior, porém, acontece quando a própria pessoa pára de acreditar nos próprios compromissos.

Por isso, antes de começar essa jornada de transformação de sua vida, prepare uma estratégia de caminhada. Um exemplo: da mesma maneira que um peregrino se organiza para percorrer o caminho de Santiago de Compostela, você deve planejar seu trajeto buscando todos os recursos necessários para chegar ao fim da estrada com êxito. Planejar é importante mesmo quando nosso tempo é limitado.

Muita gente parte para o tudo ou nada e "chuta o pau da barraca" quase como um desabafo, um "basta", sem no entanto ter nenhuma idéia do que vai fazer nem preparo para o que vai enfrentar. Por isso, "dá com os burros n'água". Sem dúvida, tomar o rumo do desconhecido é necessário, mas será melhor ainda se você tiver uma lanterna para levar.

Para que não tenhamos medo dos desafios da nossa jornada rumo ao tudo ou nada, vamos conversar um pouco sobre os riscos que provavelmente encontraremos durante nosso percurso rumo à transformação.

Primeiro risco: dispersar energia.
Estratégia: determine seu objetivo e tenha apenas esse objetivo em mente.

Quando você sair para sua caminhada, tenha bem claro o seu destino. Do contrário, poderá se perder dando voltas.

A visão clara de seu objetivo ajudará muito nessa jornada porque vai facilitar a obtenção de mapas, o reconhecimento de problemas e, principalmente, vai ajudá-lo a andar com pique total.

Afinal, esse processo de mudança radical exige 100% de comprometimento. Investir somente 3 quilos e 999 gramas de urânio enriquecido é pouco, é preciso ter 4 quilos!

– Isso quer dizer que eu preciso de paixão para mudar alguma coisa?

Sim! Sem paixão, nenhuma mudança pode ser posta em prática, ficamos apenas no plano da decisão que nunca sai do papel.

– Mas como posso garantir que sempre estarei comprometido com esse processo de mudança se não sei direito no que isso vai dar?

Bem, lembre-se de que um processo de mudança radical não é uma coisa rotineira. Trata-se de uma circunstância especial em que nos conectamos conosco mesmos e sentimos uma necessidade profunda de transformação.

Nesse momento, a gente sente que, se não tomar uma atitude, será infeliz para sempre. É essa sensação que nos leva adiante. É essa necessidade profunda que nos faz assumir um compromisso que cumpriremos até o último fio de cabelo!

Por isso, um ponto importante para que a mudança radical aconteça é: tenha somente um objetivo. Tudo ou nada!

Agora é saber o que quer e manter o foco.

As histórias infantis são pródigas na demonstração de que as distrações são perigosas.

Se possível, fale sobre isso com todo mundo. Escreva seu objetivo em sua agenda todos os dias. Afinal, você precisa de foco total, e quanto mais falamos e escrevemos sobre um assunto mais claro ele se torna para nós.

Um dos empecilhos mais comuns para a realização de mudanças radicais é a combinação de dois projetos paralelos. Essa simultaneidade acaba dispersando energia e provoca o fracasso dos dois projetos. Nossa energia, nossas emoções e nossa força dividem-se entre dois objetivos, e o resultado é fraco em ambos. É como se separássemos os 4 quilos de urânio enriquecido em duas bombas. Mas, como você já sabe, com 2 quilos nenhuma bomba explode!

Conta-se que o pai do tenista Marcelo Rios era um médico muito exigente com os estudos do filho. Enquanto o garoto se dedicava de corpo e alma ao tênis, buscando ser um profissional, o pai cobrava dele maior dedicação aos estudos. Queria que Marcelo fosse sempre o aluno número 1 de sua turma. Um dia o treinador do garoto fez um pedido ao pai:

– Seu filho tem talento para ser um tenista sensacional. Será que o senhor poderia deixá-lo dedicar-se totalmente ao tênis durante dois anos? Nesse período ele será um aluno médio. Se, depois desse tempo, sua carreira como tenista não deslanchar, ele voltará com pique total aos estudos.

O pai analisou o pedido e, como seriam apenas dois anos, entre os 15 e os 17, resolveu deixá-lo arriscar. Se não desse certo, ainda haveria tempo para estudar e tentar outra carreira.

Resultado: o rapaz pôde dedicar-se de corpo e alma ao tênis e desenvolveu uma carreira brilhante. Chegou a ser o tenista número 1 do mundo.

Quando você estiver em determinada situação que exija uma decisão e uma atitude tudo ou nada, tenha em mente que é preciso dar atenção total a essa questão. Nesse contexto, não comece outro projeto que possa tomar muito de sua energia.

Talvez um dia você acorde para o fato de que sua empresa está à beira da falência. O que faria? Logicamente, deixaria de lado aquele curso de pós-graduação e a construção de sua casa de praia para se dedicar totalmente ao negócio.

De certa maneira, em algumas situações mais dramáticas, acabamos agindo assim intuitivamente. É o caso de uma pessoa que descobre que sua mãe sofre de uma doença grave. Ela possivelmente encontrará um modo de ficar ao lado da mãe nesse momento difícil. Poderá pedir, por exemplo, para que um colega de trabalho a ajude em suas tarefas. Nada mais sábio, pois talvez esses sejam os últimos momentos em que poderá permanecer ao lado da mãe.

Segundo risco: deixar de acreditar em sua capacidade.
Estratégia: conte com a ajuda de seus anjos da guarda.

O amigo que se dispõe a fazer nosso trabalho quando precisamos cuidar de um filho doente...

A amiga que oferece emprego para uma mulher grávida que foi abandonada pelo companheiro...

O irmão que nos conforta no momento de superação de uma perda...

O chefe que nos ajuda em um projeto no qual estamos perdidos...

Esses são alguns exemplos de anjos da guarda, pessoas fundamentais para que possamos prosseguir em nossa caminhada.

Quando partimos para essa jornada de transformação de nossa vida, precisamos reconhecer que aparecerão muitos desafios no caminho. Talvez tenhamos momentos de fraqueza e, em alguns deles, até pensemos em desistir.

Será necessário ter a persistência de um herói para enfrentar essas dificuldades que, muitas vezes, parecerão intransponíveis. Nessa hora, é essencial contar com seus anjos da guarda...

Quem são eles? Bem, os anjos da guarda de que falo não são somente os nossos protetores espirituais. São também as pessoas que estão com você nesses momentos de decisão. Gente em que confia e com quem sabe que pode contar para o que der e vier. Às vezes, são pessoas cuja amizade você nem valoriza muito, porém, em uma situação difícil, acaba descobrindo que são dignas de toda a sua confiança.

Quando me lembro de episódios muito difíceis de minha vida, sinto um misto de tristeza e alegria. Tristeza por toda a dor que tive de enfrentar e alegria ao pensar em todos os amigos que me ajudaram a segurar a barra.

Outro dia, uma amiga me contou a história que viveu quando saiu da casa de seus pais, no interior, e veio fazer faculdade na capital. Durante a primeira semana de experiência, como ainda não conhecia ninguém, assim que as aulas acabavam, por volta do meio-dia, ela almoçava e retornava para o quarto simples de pensão barata que alugara. Nada do conforto a que estava acostumada na casa dos pais.

Desse modo, todos os dias, depois do almoço, ela voltava à pensão e fazia as tarefas da escola. Mas foi ficando cada vez mais difícil conter a angústia daquela solidão, que não podia ser compartilhada com ninguém. Em uma dessas tardes, desesperada, telefonou para a irmã caçula, nove anos mais jovem.

Assim que começou a desabafar, as lágrimas tomaram conta de seus olhos. Imaginou que a irmã diria simplesmente para ela voltar. Mas, para sua surpresa, ouviu:

– Calma. Você não pode voltar! O papai e a mamãe jamais a deixariam ir embora de novo! E você logo vai superar essa fase, vai fazer novos amigos e não sentirá mais tanta falta de casa.

A irmã caçula de minha amiga a fez compreender que desistir não era a melhor solução. Hoje ela agradece as palavras duras e doces desse anjo da guarda.

Lembre-se: um anjo da guarda pode ter a palavra de estímulo que nos ajuda a continuar quando a situação parece insustentável. Tenha clareza, porém, de que a função de um anjo da guarda é apenas fornecer apoio. Ninguém pode executar o trabalho de superação em seu nome.

Seu consultor financeiro não vai conseguir pagar as contas para você. Ele pode ajudá-lo a planejar e reorganizar seus pagamentos, mas você precisará pôr a mão na massa.

Sua cunhada pode acompanhá-lo na sessão de radioterapia, mas você é que terá de fazer o tratamento necessário.

A caminhada é sempre realizada com nossas pernas – mesmo quando a torcida é grande!

Terceiro risco: não identificar seus inimigos.
Estratégia: não desanime quando as dificuldades aparecerem.

Quem são seus piores inimigos?

Aposto que você ficou pensando em todas as pessoas que um dia lhe fizeram algo desagradável ou traíram sua confiança, certo?

Nossos piores inimigos, no entanto, não estão fora, e sim dentro de nós. São eles que nos dizem a todo instante:

– Isso não vai dar certo...

– É melhor desistir...

– Antigamente era melhor, e você não precisava nem se esforçar...

Seu pior inimigo é o crítico interior que vive procurando provas para mostrar a você que é melhor desistir. Essas vozes silenciosas que povoam nossa cabeça acabam por destruir toda a nossa força.

A melhor maneira de lidar com esse crítico interior é ficar atento aos diálogos internos que nos estimulam ou nos desanimam.

Se você já leu meus outros livros, conhece a história que vou contar. Mas agora vou contá-la de um ponto de vista diferente. Quando meu filho mais velho nasceu, era uma criança linda. Logo, porém, apresentou sinais de que poderia sofrer de uma doença neurológica gravíssima. Os exames constataram que praticamente não existia possibilidade de continuar vivo. Os médicos me aconselharam a desistir de lutar por sua sobrevivência.

Essa foi, certamente, a situação mais tudo ou nada de minha vida, pois eu, como médico, sabia que a chance de o tratamento dar certo era infinitamente pequena. Mas, mesmo assim, eu e a mãe dele nos arriscamos e fizemos tudo o que estava ao nosso alcance para mantê-lo vivo.

Cada sessão do tratamento era encarada com um comprometimento total. Sem dúvida houve momentos de muita decepção, quando os problemas dele apareciam. Nessas ocasiões, eu tive de lutar intensamente contra os fantasmas internos que sempre repetiam em minha mente:

– Não vai dar certo...

– É melhor desistir!

Essas vozes internas que em certos momentos faziam de tudo para me desanimar deram mais trabalho do que todo o esforço para realizar o tudo ou nada. No final, todo esse empenho valeu a pena: meu filho mais velho superou as expectativas de todos os médicos e conseguiu desenvolver uma série de habilidades que, inicialmente, pareciam impossíveis.

Quarto risco: entrar distraído na batalha.
Estratégia: ponha energia total em seus projetos.

Percebo que as pessoas que partem para o tudo ou nada e superam essa etapa da vida com sucesso têm como característica um estado mental especial: quando estão envolvidas em suas ações, é como se não houvesse mais nada no mundo. Elas se dedicam totalmente ao que estão fazendo. Parece que não existe corpo e, portanto, o cansaço é um sintoma que não passa perto delas.

Um belo exemplo disso é o momento em que os pais de uma criança descobrem que seu filho tem uma doença grave, como meningite.

Esses pais podem até estar passando por sérios problemas de relacionamento, pensando em se separar. No entanto, no momento em que olham seu pequeno filho doente, todas as picuinhas desaparecem. O cansaço, os desentendimentos e as discussões simplesmente deixam de existir porque perdem a importância. Eles solidariamente se revezam nas visitas ao hospital. Quando vão ao trabalho, procuram resolver logo as pendências e voltar o mais rapidamente possível para junto da criança. Dedicam toda a sua energia aos cuidados com o filho até que tudo se resolva.

Outro exemplo de determinação: uma pessoa assume sua homossexualidade perante a família. Muitas vezes as reações dos familiares podem ser negativas. A pessoa precisará enfrentar essas reações ao assumir sua opção sexual. Há casos de famílias que lidam muito bem com essa questão, mas outras nem tanto. A pessoa, porém, não pode deixar que os outros decidam sua vida amorosa. Nesse momento, é preciso ter muita força interior para assumir o controle da própria vida. Quando as críticas aparecerem, o orgulho de ser verdadeiro vai fortalecer a pessoa.

Mais um belo exemplo é o daquele pai taxista que está determinado a ajudar o filho a fazer faculdade. Ele trabalha mais algumas horas por dia para ganhar o dinheiro extra que permitirá pagar os estudos do menino. Sua satisfação é ver o filho chegar tarde da noite em casa, cansado de trabalhar o dia todo e, além disso, de freqüentar as aulas, mas feliz por estar construindo seu futuro. É em situações como essa que um pai recarrega suas baterias para o dia seguinte, pois se sente útil e vê quanto seu esforço é importante para o filho.

Outros exemplos bonitos de gente que tem consciência plena de seus objetivos podem ser encontrados nos esportes. Nas entrevistas feitas antes do jogo, pode-se perceber quem está na condição mental de tudo ou nada. Os olhos permanecem fixos durante a entrevista, a pessoa não fala de assuntos que não se relacionem à partida. Quando o jogo começa, não perde tempo brigando com os colegas de time, e sim os incentiva a lutar. Corre mais do que os outros. Parece que está sempre começando a partida.

Essas pessoas vivem como se estivessem hipnotizadas por seus projetos. Sabem que devem estar preparadas para fazer tudo o que precisa ser feito para atingir seus objetivos, por isso pagam o preço necessário para chegar lá. Estão dispostas a ousar. Afinal, querem alcançar algo mais na vida não apenas em termos financeiros como também no âmbito pessoal. Querem sentir a alegria da realização.

Assim, a energia que imprimem a seus projetos é total! Elas sabem que não há tempo a perder com fofocas, com pessoas fúteis nem com atividades inúteis.

Sabem também que cada minuto conta e cuidam de seu tempo como se fosse o bem mais precioso da vida.

Quinto risco: ficar prisioneiro dos velhos hábitos. **Estratégia:** esteja preparado para mudar.

Às vezes nos esquecemos de pensar nas profundas implicações que uma mudança radical provocará em nossa vida. Hábitos, gestos, a maneira como tratamos as pessoas, o estilo de roupa que usamos e muitos outros detalhes que, quase sem percebermos, acabam se transformando em conseqüências de nossa nova atitude perante a vida.

Quando a gente decide partir para o tudo ou nada, também precisa levar em conta todas essas implicações. Imagine o impacto que um adolescente vai provocar ao trocar as bermudas largas de sempre por uma calça social!

É provável que muitos de seus amigos não entendam essa decisão e passem a questionar ou ridicularizar o jovem dizendo:

– Você não é o mesmo! Você virou "mauricinho"!

Afinal, é preciso compreender que, se optarmos pelo tudo ou nada, na maior parte das vezes não teremos a alternativa de voltar atrás! Teremos destruído as pontes que nos permitiriam recuar. Teremos optado pelo início de uma jornada de herói, e os heróis, por mais que tropecem, não podem desistir. Mesmo que a recompensa tão almejada não seja exatamente aquela que esperavam, eles seguem adiante, pois sabem que a jornada já é o aprendizado e a recompensa. O novo surgirá à frente, ainda que de forma inesperada e surpreendente.

É preciso ter consciência de que, sem mudanças, nada de novo vai acontecer. Por isso, a pessoa que está em um momento da vida do tipo tudo ou nada deve ficar aberta para fazer coisas novas.

Agora que você começou a caminhar, é preciso ir até o fim! Quando iniciamos uma caminhada, fazemos uma promessa a nós mesmos – e precisamos confiar em nossas promessas. Por mais que, na estrada, encontremos monstros que pareçam imbatíveis, tenha a convicção de que nossa fé e determinação acabarão vencendo a batalha.

Sexto risco: não se sentir feliz durante a caminhada.
Estratégia: aproveite cada momento da jornada e comemore as pequenas vitórias.

As metas são fundamentais para quem quer realizar um objetivo de vida, mas são também perigosas para nossa felicidade. Se ficarmos sempre esperando o dia em que realizaremos um sonho, correremos o risco de esquecer o dia que estamos vivendo. Podemos nos esquecer das pequenas vitórias. Podemos nos esquecer das pequenas conquistas.

Eu me lembro de que, durante o tratamento de meu filho mais velho, Leandro, vivemos momentos inesquecíveis, como o dia em que ele aprendeu a comer sozinho. Isso não aconteceu quando eu sonhei, ou seja, alguns anos antes, mas mesmo assim tornou-se um momento inesquecível porque foi repleto de luz.

Se vivermos esperando o dia da grande conquista, quando ele chegar provavelmente estaremos tão exaustos que não conseguiremos comemorar.

É importante que possamos nos manter felizes em todos os momentos da jornada, aprendendo a curtir, além do prazer de caminhar, as horas simples de plenitude.

Uma pessoa feliz é feliz independentemente dos resultados que alcançar na jornada. Eu já vi milionários depressivos e mendigos satisfeitos com a vida, e vice-versa.

Aprenda a comemorar suas pequenas vitórias, a curtir suas pequenas conquistas.

Eu me recordo da ocasião em que ganhei meu primeiro dinheiro com a medicina. Era estagiário de um serviço de cirurgia. Recebi a grana, que não era grande coisa, e saí para jantar fora com um amigo da república em que morava. Na verdade, o dinheiro era tão pouco que não dava exatamente para jantar, comemos um sanduíche. Mas certamente foi uma das melhores refeições de minha vida, pois tinha o delicioso gosto da conquista. Enquanto saboreava aquele sanduíche, compreendi o sentido de ser dono da minha vida!

Sétimo risco: os obstáculos parecem intransponíveis.
Estratégia: confie em tudo o que acontecer.

Eu acredito que existe um Deus que cuida bem de nós e sabe o que faz.

Eu acredito que a lógica de Deus é superior à minha capacidade de compreensão.

Eu acredito que Deus nunca erra, embora, às vezes, eu não seja capaz de entender a razão de meu sofrimento.

Tudo o que acontece com a gente tem um propósito, tem um porquê. Basta olhar para trás, percorrendo nossa trajetória, para perceber quanto as experiências do passado – as dolorosas e as felizes – foram importantes para que chegássemos aonde estamos hoje.

Pessoas que tiveram doenças graves, um câncer, por exemplo, e precisaram fazer tratamentos dolorosos, como quimioterapia, normalmente passam a enxergar a vida de forma diferente depois que todo o sofrimento cessa. Percebem então quanto essa experiência difícil foi importante para que aprendessem muitas coisas sobre a vida que ainda não sabiam.

As jornadas mais complicadas sempre são aquelas que nos trazem mais sabedoria. Como nas histórias dos heróis de todos os tempos, há sempre o momento de enfrentar o grande desafio, de encarar a caverna mais profunda de toda a jornada. É nesse instante que o herói deve provar que tem força para seguir em frente.

É nesse instante que o herói tem de contatar os potenciais que jamais imaginou possuir dentro de si.

É nesse instante que o herói deve pôr a mão no coração, confiar em Deus e dar o próximo passo mesmo que só exista o desconhecido à frente.

O jornalista Mário Rosa mostra, em seu livro *A Síndrome de Aquiles* (Gente, 2001), uma imagem muito bonita do significado dos incêndios em nossa vida:

Quem já foi a um parque como o Yosemite, na Califórnia, teve o raro privilégio de ver de perto o maior monumento vivo do reino vegetal: as legendárias sequóias. Essas árvores alcançam alturas impressionantes e chegam a viver até 4 mil anos. É quando se está diante de um portento tão poderoso como uma sequóia, vendo-a viva, tocando essa testemunha da História de nosso planeta, que quarenta séculos de vida deixam de ser apenas um número e passam a evocar uma forte emoção e algumas reflexões.

Uma sequóia já estava naquele mesmo lugar há 2 mil anos, quando Jesus nasceu. Quando a civilização egípcia estava terminando a construção da Grande Pirâmide de Gizé, as sequóias que hoje vemos vivas e pujantes já haviam brotado da terra. Se compararmos a duração da vida de uma sequóia com a de um ser humano, descobriremos que cinco anos dessa árvore representam em relação ao todo de sua existência o mesmo que um mês significa para um ser humano. Assim, a explosão nuclear que devastou Hiroshima e Nagasaki e pôs fim à Segunda Guerra Mundial, vista sob a perspectiva da vida de uma sequóia, ocorreu não faz um ano. O fim da Guerra do Vietnã se deu no semestre passado. E a morte de Lady Di, há dois fins de semana.

Intrigados com tanta força e resistência, os cientistas, com o passar do tempo, foram descobrindo os fatores que fazem com que as sequóias sejam esse fenômeno de sobrevivência. Um dos segredos da vida de uma sequóia é o fato de que, por ser tão alta, atrai raios durante as tempestades. São justamente os raios que provocam incêndios que, por sua vez, destroem os galhos mais pesados da árvore, possibilitando-lhe que concentre sua seiva nos galhos realmente indispensáveis. Em sua vida, raios, tempestades e incêndios são crises que, em vez de destruição, permitem purificação. Fazem com que ela não desperdice seiva, concentrando-se nos ramos essenciais. Isso permite que continue crescendo. E sobrevivendo.

Tal como as sequóias, nós somos seres com poderes infinitos, precisamos apenas que alguns raios nos ataquem para conhecermos nossa força.

Muitas vezes a dor parecerá insuportável, as perdas, insuperáveis, os obstáculos, intransponíveis. Mas, com fé e determinação, descobriremos que somos maiores que tudo isso e, no final, celebraremos nossas vitórias.

CAPÍTULO 6 CONSTRUA SUA PRÓPRIA ESTRADA

A PIOR DERROTA É AQUELA DE QUEM NÃO SE ARRISCOU.

Fazer o que sempre se fez é o caminho certo para uma vida de frustrações. Viver repetindo soluções do passado é uma estranha forma de destruir a vida.

A vida fica sem passarinhos quando as pessoas continuam a fazer o que sempre fizeram pelo simples fato de que foi desse jeito que aprenderam. Há uma pesquisa muito interessante de psicologia comportamental que o psiquiatra mexicano Octavio Rivas costuma citar em suas conferências. Os cientistas colocam um rato em um labirinto com uma série de túneis. O camundongo começa a andar pelo labirinto movido pela curiosidade. Após algum tempo, começa a sentir fome e sai aleatoriamente em busca de alimento até encontrar comida no túnel número 4.

Com a fome saciada, o ratinho volta a explorar o labirinto até sentir fome de novo. Começa a procura aleatória e encontra a comida, de novo, no túnel número 4.

Depois de matar a fome, ele reinicia a exploração do labirinto. Acontece então um fenômeno muito interessante: na próxima vez que ele sente fome, imediatamente se dirige ao túnel número 4 e fica lá esperando a comida. Agora, entretanto, os pesquisadores deixam a comida no túnel número 5, mas o ratinho continua esperando o alimento no local onde sempre o encontrou. Não importa que a comida não esteja mais lá, o único movimento que o rato faz é destinado a conferir se realmente está no túnel número 4. E fica lá esperando até quase morrer de fome.

Resumindo: como um dia o ratinho encontrou a comida no túnel número 4, agora tem muita dificuldade de procurá-la em outro lugar. E você? Será que continua esperando a comida no túnel número 4?

Talvez no passado, em momentos de abandono, você tenha decidido não esperar nada de ninguém, mas agora, rodeado de tanta gente que o ama, bem que poderia buscar o afeto das pessoas que você ama.

Talvez você tenha se apaixonado e se frustrado dolorosamente e, então, criou a convicção de que as pessoas não prestam. Mas agora bem que poderia dar uma chance para aqueles que gostariam muito de caminhar a seu lado.

Talvez, por ter pais autoritários, sua opção seja agir como se não fosse capaz de decidir nada sobre sua vida. Mas agora, com sua inteligência e seu conhecimento, bem que poderia confiar mais em sua capacidade de tomar decisões.

A pergunta que fica é: será que você está disposto a procurar comida em outros túneis?

Bem, voltemos ao ratinho do labirinto. Como ele está interessado em saciar a fome, no último momento de vida percorre outros túneis em busca de alimento e consegue sobreviver.

Os seres humanos, no entanto, depois de insistir por algum tempo em determinado comportamento, em vez de percorrer outros túneis optam muitas vezes por justificar suas ações. Dessa maneira, explicar o motivo por que a vida não dá certo se torna mais importante do que tentar ser feliz.

É o caso de algumas mulheres solitárias que, em vez de buscar as razões do insucesso de seus relacionamentos, acham mais fácil explicar que desistiram de amar porque os homens não querem compromisso. Será que o problema está apenas nos homens, que não querem nada, ou essas mulheres também precisam aprender a amar os homens que estão próximos e disponíveis, abrindo-se de verdade para uma relação em vez de procurar o "príncipe encantado"?

Há ainda o caso do homem estressado que não conhece a paz de espírito e começa a elaborar ótimas explicações para justificar seu estilo de vida neurótico sem ao menos perceber que nenhuma dessas explicações lhe trará a paz de que tanto precisa.

As pessoas que buscam justificar a infelicidade em que vivem não encontram forças para mudar de rumo, não procuram ajuda, não vão atrás de soluções para seus problemas. Agora responda com muito carinho: para você, é mais importante ser feliz ou ter uma boa explicação para sua infelicidade?

Será que você continua escravo do passado? Continua procurando comida no túnel número 4?

Será que continua repetindo, todos os dias, aquela famosa frase do personagem de desenho animado?

– Oh, dia! Oh, azar!

Sei apenas que essas pessoas, se preferissem buscar uma nova forma de agir a investir tempo e energia em lamentações e explicações de sua infelicidade, com certeza poderiam criar uma vida mais plena.

No entanto, preferem o sofrimento conhecido à possibilidade da plenitude desconhecida.

ACORDE PARA A VIDA

A vida sempre nos avisa quando estamos no caminho errado. Às vezes, no entanto, nossa inconsciência nos impede de perceber o que estamos fazendo conosco mesmos.

Adianta insistir em ir de São Paulo ao Rio de Janeiro pela rodovia Fernão Dias, que leva a Minas Gerais? É claro que não! Mas quantas vezes vemos isso acontecer com um motorista?

Ele está lá, concentrado no volante, e as placas, durante o tempo todo, apontam a distância que falta para chegar a Belo Horizonte. Nem uma só vez aparece a distância que falta para chegar ao Rio de Janeiro. Mas ele segue em frente até que, de repente, a ficha cai:

– Puxa! Peguei a estrada errada!

Quantas vezes você fez algo parecido com sua vida?

Você afundou o pé no acelerador e foi em frente. As placas de sinalização mostravam que estava na direção errada, mas você nem percebeu os sinais. Insistiu naquela estrada sem se dar conta de que estava entrando numa fria. Quando, enfim, percebeu que havia tomado o rumo errado, você ficou extremamente irritado e precisou pegar o primeiro retorno que encontrou.

É sem dúvida raro o fato de que alguém permaneça dirigindo em uma estrada de rodagem errada por muito tempo, mas há quem fique eternamente em um caminho de vida que não lhe traz felicidade.

Muitas placas mostram o caminho errado, mas a pessoa continua insistindo. Os filhos avisam, a insônia avisa, a vontade de beber, que cresce dia após dia, avisa... Mas ela permanece naquele caminho como um robô teleguiado. Ignora os sinais da vida e procura justificar seu comportamento.

Existe um comportamento ainda pior: a destruição das placas de sinalização. É como se o viajante destruísse todas as placas que indicam que está a caminho de Belo Horizonte. Prefere destruí-las a parar e perguntar. Afasta-se dos verdadeiros amigos, que o avisam sobre o caminho errado, afasta-se do filho, que insiste em lhe mostrar que não está bem, isola-se do mundo, abandona a terapia. Lembre-se: a destruição das placas não elimina a dificuldade de criar felicidade em sua vida!

Certa vez, um amigo meu se apaixonou por uma mulher totalmente destrutiva cujo único interesse era apropriar-se do dinheiro dele. A família e os amigos, eu inclusive, tentaram alertá-lo sobre o caráter da moça. Ele se distanciou de todos.

Depois de algum tempo, já um pouco desconfiado de que havia algo errado, contratou um detetive, que grampeou o telefone da moça e gravou suas conversas. Em uma delas, falando com uma amiga, a namorada revelou que não o amava e que, depois de pegar todo o dinheiro dele, passaria a viver com outro. Quando meu amigo me mostrou essa fita, pensei que deixaria a moça. Mas minhas esperanças foram vãs. Depois de alguns dias, ele começou a dar justificativas para a conversa da namorada. Teve muitas dores de cabeça até conseguir separar-se dela.

Esse é o caso típico de alguém que está no caminho errado, quebra as placas e passa a justificar sua infelicidade. Cuidado!

É claro que, conforme vimos no capítulo anterior, quando você decide trilhar um caminho, é importante escolhê-lo bem e manter-se nele com persistência. Se você, porém, perceber que está no caminho errado, será melhor mudar de rota. Faça o retorno mais próximo e comece tudo de novo! É muito mais proveitoso fazer isso do que seguir sofrendo eternamente.

Lembre-se: na vida, há sempre muitas placas de sinalização. São enxaquecas ou insônias freqüentes, distúrbios alimentares, dificuldades sexuais, pessoas que se aproximam ou se afastam, brigas eternas no casamento, um filho que apresenta problemas de desenvolvimento emocional, enfim, uma infinidade de ocorrências – algumas aparentemente banais, outras avassaladoras – que nos oferecem indícios do caminho que estamos trilhando.

É fundamental estarmos atentos a essas placas, pois elas orientam nossa caminhada. Não adianta tentarmos destruí-las, trocá-las de lugar nem fingir que não as vemos. Todas essas são tentativas infantis de nos iludir, pois, se estivermos seguindo um caminho que não leva à plenitude, os avisos se tornarão cada vez mais freqüentes e intensos. No começo, sentimos uma angústia que se transforma em insônia e, de repente, torna-se depressão. E não adianta adiar o momento de mudar de estrada. Por mais que tentemos destruir os sinais, eles continuarão a aparecer à frente até tomarmos uma decisão e escolhermos outro rumo.

SITUAÇÕES QUE NÃO TÊM SOLUÇÃO SUAVE

De maneira geral, sempre é melhor procurar soluções de consenso, buscar, aos poucos, melhorar uma situação e tentar evoluir até que o passado fique para trás. Há, entretanto, ocasiões em que a solução precisa ser radical porque você já está chegando ao limite e, daqui a pouco, vai explodir!

Fato: seu sócio é incompetente e está afundando a empresa. Você já conversou bastante com ele, já lhe deu várias oportunidades de mudar seu jeito de agir, inclusive perdoou diversas "mancadas". Chega então o momento em que a única saída é o fim dessa sociedade. Não importa se vocês são amigos de infância, se vocês são compadres. É melhor romper a sociedade e ainda poder falar com ele do que deixar que a situação se arraste até um ponto insuportável em que a única opção seja a briga!

Fato: seu advogado seguidamente comete erros que prejudicam seus negócios. Ele, obviamente, sempre tem uma justificativa para seus deslizes, que, mesmo assim, continuam a ocorrer. Você é a pessoa mais compreensiva do mundo, mas há situações em que a única saída é trocar de advogado.

Fato: seu cunhado mal-educado adora diminuí-lo na frente dos outros. Você protesta, reclama de seu jeito de agir, conversa, explica, mas ele não muda de atitude. Chega aquele momento em que você percebe que não faz sentido ficar de mau humor todo fim de semana e decide deixar de almoçar na casa dele.

O grande drama é o fato de que a maioria das pessoas desperdiça a vida porque fica esperando que as coisas se resolvam sozinhas. Elas imaginam que os mal-educados poderão cair na real e aprender a respeitar os outros.

Pensam que uma pessoa desonesta pode tomar juízo e cultivar valores mais elevados.

Acreditam que um alcoólatra vai parar de beber porque perceberá que o vício está destruindo sua vida.

Apostam que o marido infiel vai notar que suas aventuras trazem sofrimento desnecessário à esposa.

Garantem que o filho viciado se dará conta de que as drogas só agravam seus problemas e o levam ainda mais para o fundo do poço.

Enquanto essas pessoas esperam, as situações só se agravam.

Nesse caso, não há alternativa a não ser uma solução do tipo tudo ou nada, pois se trata de situações que exigem ruptura, que nos obrigam a deixar o passado para trás e começar a construir um novo futuro. Um futuro de verdade, e não de ilusões.

Como diz meu amigo José Luiz Tejon, é em momentos assim que a gente precisa dar um beijo na realidade, ou seja, encará-la.

Eu sei que enxergar a realidade nem sempre é muito agradável, mas acredite: é assim que a gente começa uma nova vida!

ESVAZIE A MALA

Em minhas viagens, costumo encontrar muitas pessoas que não curtem a jornada porque estão preocupadas demais com sua imensa bagagem.

O mesmo acontece com as pessoas que não conseguem desapegar-se das coisas que acumulam na vida: bens, cargos, posições e até mesmo relacionamentos. Elas, com freqüência, deixam de aproveitar a vida porque não conseguem livrar-se de suas pesadas bagagens.

A ruptura de um relacionamento, por exemplo, não é nada fácil, embora em geral, no começo da relação, tudo seja muito simples e gostoso. Estamos, normalmente, tomados pelo delicioso anestésico da paixão. Lidar com o fim de uma relação, porém, é coisa que poucos sabem – embora todos nós possamos aprender.

A melhor história de desapego que conheço aconteceu com um casal de amigos meus. Certo dia, eles me convidaram para uma festa. Ao chegar, vi que se tratava de uma ocasião especial: decoração caprichada, banda de música, todos os amigos e familiares presentes. Lá pelas tantas, para surpresa geral, o casal anunciou que a festa era em comemoração de sua despedida. Estavam celebrando o fim de um ciclo de sua vida após dezessete anos de união. Em um discurso, explicaram:

– Para que a planta nasça, é preciso matar a semente. Para que o fruto exista, é preciso morrer a florada. A borboleta só surge com o desaparecimento da lagarta. O ser humano não existe sem o embrião e só vinga com a transformação do óvulo. Estamos morrendo para esse relacionamento, porém sinceramente preocupados e comprometidos em nascer para outros muito melhores, em que possamos doar o máximo de cada um de nós! Por favor, não fiquem tristes com nossa separação porque os amigos do coração nunca se separam.

Eles decidiram separar-se quando perceberam que estavam mais preocupados em anular a alegria um do outro do que em ser felizes. Se, para serem felizes, era importante transformar essa relação, eles dariam esse passo. Até mesmo para manter a amizade.

Que coragem, não?

É muito raro que alguém admita diante do parceiro que está casado por causa do conforto e não tem mais coragem de enfrentar a própria vida.

Se meu casal de amigos insistisse em seu relacionamento, provavelmente acumularia infelicidades e não poderia aproveitar os diversos passarinhos do amor que ainda surgiriam.

Por isso, não tema deixar para trás as coisas que já morreram. Elas são como uma bagagem que não é mais necessária. Somente nossa experiência de vida e nosso desejo de criar uma existência cheia de significado são tesouros leves para carregar.

PARE DE FINGIR QUE NÃO SE IMPORTA...

Na fábula "A raposa e as uvas", atribuída a Esopo, uma raposa estava morrendo de vontade de comer as uvas que encontrou pela frente. Saltou algumas vezes e não as alcançou. Então foi embora tentando disfarçar sua frustração. Olhou para os lados e disse:

– Elas estavam verdes!

Já pensou em quanta energia as pessoas gastam na tentativa de mostrar que não se importam com o que perdem?

Bem, a raposa pelo menos saltou algumas vezes para buscar o que queria.

E você – tem ido atrás do que quer na vida?

Está consciente do que lhe trará felicidade?

Deixa-se contagiar pela angústia de não realizar seus sonhos?

Tem sentido a dor de não estar ao lado da pessoa que ama?

Há pessoas capazes de mostrar indiferença às maiores paixões de sua vida. Elas conseguem ficar impassíveis diante das oportunidades como se estivessem diante de um cubo de gelo! Loucura total!

Se você se der conta de que está se enganando, buscando desculpas baratas para suas desilusões, é melhor perceber o que tenta de fato esconder com essa atitude superficial e ir em busca das uvas que tanto deseja.

Não se iluda dizendo que as brigas com sua filha não machucam seu coração.

Não adie mais uma atitude de amor à sua esposa dizendo que tanto faz esse casamento dar certo ou não, quando na verdade você está totalmente apaixonado.

Porque, um dia, você vai acordar arrasado ao notar que não existe mais nenhum sinal de amor por trás das lágrimas de sua companheira – como diz uma canção de Paul McCartney. Não haverá, então, mais tempo para recuperar esse sentimento perdido.

Você até pode mentir para os outros, mas mentir para si mesmo é uma catástrofe!

Se você está apaixonada por seu colega de trabalho e ele a convidar para sair, pare de inventar um milhão de desculpas e problemas. Não adianta fugir para não enfrentar o medo de mergulhar nesse amor.

É hora de refletir e agir.

Hora do tudo ou nada.

Do agora ou nunca.

De arriscar e ver o que a vida preparou para você.

Hora de encarar o mundo, sem desculpas, assumindo seus sentimentos.

Há uma frase de John Lennon que sintetiza bem o que muitas pessoas fazem quando deixam de experimentar o sabor da vida: "Vida é o que acontece enquanto você faz planos".

Talvez possamos parafraseá-lo e dizer: "Vida é o que acontece enquanto você tenta esconder seus sonhos de si mesmo".

ABRA SEU CORAÇÃO PARA OS AMIGOS

Compartilhar nossa vida é uma maneira eficiente de resolver problemas e compreender o melhor momento de partir para o tudo ou nada.

Desabafar nossos dramas com alguém de confiança é uma forma poderosa de aliviar a carga que levamos em nosso coração.

Mas os benefícios trazidos pelo compartilhamento vão além disso. O ato de abrir seu coração pode evitar que as outras pessoas fantasiem a seu respeito, imaginando situações que não ocorreram e sentimentos que você não tem.

Digamos, por exemplo, que você acabou de descobrir que sua empresa está em dificuldades financeiras. Por isso, chega nervoso em casa e se zanga com seus filhos. Em vez de conversar sobre esse problema com a esposa, fica irritado quando ela fala sobre a troca do sofá da sala. Por fim, não consegue dormir direito à noite.

De manhã, dirige com o pensamento distante e se distrai. Acaba batendo o carro. Em outras palavras, você, que tinha somente um problema profissional, acabou por provocar problemas familiares, conjugais e, ainda por cima, vai ficar sem carro por alguns dias! Veja como uma preocupação pôde deixá-lo nervoso e contaminar quase todos os aspectos de sua vida.

Pode parecer exagero, mas tenho um amigo que realmente viveu uma situação como essa. Ele sempre foi muito rico, mas estava passando por problemas financeiros gravíssimos e ficou constrangido em falar sobre o assunto com a esposa. Como o casal sempre teve um alto padrão de vida, ela continuou a gastar como antes.

O marido foi ficando com raiva da esposa porque julgou que ela não entendia suas dificuldades. Um dia, durante um jantar em sua casa, explodiu e disse que a esposa era fútil e desumana.

Imagine o susto que ela levou! Ficou sabendo de uma só vez que o marido passava por dificuldades financeiras, que não tinha contado nada e que, para complicar, estava decepcionado com ela. Conclusão: sem se dar conta, meu amigo extrapolou os problemas financeiros para a vida afetiva!

No final da história, os problemas com a empresa se agravaram e ele precisou recomeçar praticamente do nada. Mas superou o período difícil com a ajuda da esposa e hoje ambos estão mais unidos do que nunca.

Infelizmente, nem sempre essas histórias têm um final feliz. Imagine se a esposa do meu amigo, depois de ver seu companheiro irritado por algumas semanas, passasse a desconfiar que havia algo errado no casamento. Ela poderia até imaginar coisas irreais e, no momento da explosão do marido, quando ele a chamou de fútil e desumana, talvez começasse a fustigá-lo com críticas e acusações.

Conheço histórias de casais que tiveram problemas com filhos adolescentes e, em vez de se unir para solucionar a questão, passaram por um período de acusações mútuas e brigas para identificar os culpados. A situação acabou se tornando tão insustentável que levou ao divórcio.

Mais um exemplo: na inauguração de uma nova loja, motivo de comemoração e crescimento para qualquer empresa, ocorrem diversos problemas técnicos. Os sócios ficam magoados uns com os outros. Desapontados, imaginam que todos os colegas foram irresponsáveis. Em vez de conversar sobre os problemas e procurar soluções, permanecem calados e escondem suas mágoas. Quando percebem, a pequena frustração já se transformou em desavença incontornável e a empresa está em desintegração.

Percebe como um simples problema mal resolvido pode desencadear a desestruturação de todo um sistema? Lembre-se: as dificuldades mal resolvidas de hoje poderão criar problemas maiores amanhã.

Tanto é assim que, hoje em dia, muitas empresas já perceberam a importância do incentivo aos funcionários no compartilhamento de suas dificuldades e criaram espaços de discussão e debate. Algumas chegaram a instalar quadros em que as pessoas têm oportunidade de revelar seu estado de humor diariamente. Essas providências são formas excelentes de evitar que as pessoas imaginem problemas onde eles não existem e também uma maneira inteligente de viabilizar a ajuda recíproca entre profissionais quando isso se mostra necessário.

Em outras palavras, se você tem um problema, procure evitar que ele tome conta de outros setores de sua vida. Você pode até deixar de compartilhar totalmente sua dificuldade, mas pelo menos comunique o problema. Isso será útil para você e para quem está a seu lado.

As mulheres, de maneira geral, abrem seu coração para o marido quando têm um problema. Muitos homens, no entanto, cultivam a péssima tendência de não compartilhar suas dificuldades com a esposa. Está na hora de mudar isso, deixando de lado a vergonha de parecer frágil para evitar que os problemas ganhem uma dimensão maior do que têm.

Além disso, quando dividimos nossos problemas com alguém, essa pessoa pode nos ajudar a analisar a situação. E o peso que carregamos torna-se mais leve. Quando estamos no meio de uma tempestade, é muito difícil enxergar plenamente qualquer coisa. Alguém "de fora" pode ajudar você a ter uma visão mais geral da questão e auxiliá-lo a tomar a melhor atitude para cortar o mal pela raiz.

CAPÍTULO 7 SEM MEDO DE IR ADIANTE

MUITOS PENSAM ESTAR EVITANDO AS LÁGRIMAS QUANDO, NA VERDADE, ESTÃO EVITANDO TAMBÉM AS ALEGRIAS DA VIDA.

Acredite em você...

Acredite no que está fazendo...

Quantas vezes a gente vê uma oportunidade de vida bem à nossa frente e sofre por medo de se arriscar e não dar certo?

Medo de falar e não ser compreendido.

Medo de pedir e não ser atendido.

Medo de declarar nosso amor a alguém e nos decepcionarmos.

Medo de nos machucar ao confiarmos no outro.

Medo de não alcançar o topo da empresa.

Medo de sentir dor.

O medo de tomar um "não" da vida impede que muitas coisas boas nos aconteçam.

Em meu tempo de cursinho, fui apaixonado por uma moça, mas não tinha coragem de declarar meu amor. Procurei um grande amigo para contar meu dilema e ele me perguntou se eu sabia como terminara sua paixão por uma amiga que tínhamos em comum.

Lembrei-me então da história dele, que aconteceu no começo de nossa adolescência, no tempo em que participávamos de um movimento de jovens cristãos. Nessa turma, um dia apareceu uma moça muito bonita e fascinante. Imediatamente, dois rapazes se apaixonaram por ela, e um deles era esse meu amigo. Mas o outro foi mais atirado e logo começou a namorar a moça.

Certa noite, ao voltar para casa depois de sair com a namorada, ele sentiu uma forte dor de cabeça e em seguida desmaiou. Levado ao hospital, os médicos descobriram que estava com um tumor maligno no cérebro e só lhe restavam alguns meses de vida.

A situação ficou angustiante, pois sua morte poderia ocorrer a qualquer momento. Os meses, porém, foram passando e apesar da agonia o rapaz continuava vivo. Alguns anos depois, o sofrimento de todos se intensificara. Eu acabei me afastando desse grupo e não acompanhei o desfecho da história.

No dia em que contei meu dilema a esse amigo, ele me confidenciou que, durante três anos, ficara esperando a morte do outro rapaz, que namorava a garota pela qual fora apaixonado:

– Continuei apaixonado por ela por quase três anos, mas não tinha coragem de me declarar. Ficava entre o medo da rejeição e a culpa por paquerar a namorada de um amigo à beira da morte. Centenas de vezes eu me aproximei dela para falar do meu amor, mas no último momento mudava de assunto – até que resolvi acabar com meu sofrimento. Certo dia, em um daqueles bailes de garagem que nossa turma fazia, decidi tirá-la para dançar, mas antes amassei uma folha de papel e prometi a mim mesmo que, quando pegasse a mão dela, no momento em que o papel caísse, eu diria que a amava. E foi o que fiz. Ficou no ar certo constrangimento e saímos para conversar. Falei dos meus sentimentos, da inadequação que senti durante todos aqueles anos, da culpa que carregava por me declarar. Conversamos a noite toda e, quando o dia amanheceu, ela me disse que não se sentiria bem deixando o namorado naquelas circunstâncias apesar de não amá-lo mais.

Meu amigo me contou ainda que a tristeza que sentiu naquele dia foi muito profunda, mas logo depois decidiu esquecê-la, e foi só após tomar essa decisão que abriu espaço em seu coração para namorar outra pessoa.

Então acrescentou:

– Se falar dos seus sentimentos, ela poderá lhe dizer "sim" e você conseguirá o que tanto quer. Se ela disser "não", você vai sofrer, mas não para sempre. Essa ferida vai cicatrizar e você poderá abrir seu coração para outra pessoa. Acho que amanhã, na hora do intervalo, quando tomar o primeiro gole de refrigerante, deve dizer a ela que a ama. Depois disso, vocês vão precisar conversar sobre o assunto e, assim, poderá saber o que ela sente.

Fiquei superempolgado com a idéia do meu amigo, mas devo confessar, arrependido, que fraquejei na hora de tomar o primeiro gole de refrigerante. Não tive coragem de abrir meu coração. Hoje, brinco comigo mesmo dizendo que, desde aquele dia, parei de beber refrigerante. Até me preparei outras vezes para contar a ela sobre meu amor, mas na hora H o medo de sofrer falava mais alto.

O tempo passou e a vida me afastou da mulher dos meus sonhos, que nunca saiu de minha lembrança. Muitos anos depois, recebi uma carta dela contando que também era apaixonada por mim e nunca me esquecera. Revelou também que se casara e tinha dois filhos.

Fiquei pensando no que teria acontecido se eu me declarasse naquela época.

Senti uma pontada de arrependimento no coração por aquela e por todas as outras vezes em que tive medo de batalhar pelo amor que senti de verdade por alguém. Pensei que, se eu não tivesse medo de ir adiante, talvez evitasse algumas frustrações que tanto me fizeram sofrer.

Será que isso tem acontecido com você?

Estar apaixonado e não ter coragem de declarar seu amor por medo de ser rejeitado?

Esconder seu amor por ter vergonha de estar apaixonado?

Quem guarda uma paixão dentro de si mesmo não abre o coração para amar de verdade... Quantas vezes jogamos a felicidade fora por medo de ouvir um "não"?

Quantas vezes ficamos com alguém que não amamos simplesmente porque isso é mais seguro?

Lembre-se: aconteça o que acontecer, persiga seu amor, vá atrás de sua vocação. Essa pode não ser a decisão mais cômoda, mas é a mais verdadeira. Pode ser mais trabalhoso, talvez lhe cause uma tremenda dor de cabeça que fará você sofrer, mas só assim estará vivendo plenamente tudo o que a vida tem a lhe oferecer.

VIVER DE VERDADE!

Atenção: eu não estou dizendo que, se você entrar com uma atitude tudo ou nada em seus projetos, terá sempre garantia de sucesso. O que estou dizendo é que, se você quiser transformar esforço em resultados, vai precisar tomar uma atitude tudo ou nada perante a vida em diversas situações. Mesmo que não alcance rapidamente o sucesso almejado, você deve saber que as derrotas não podem desanimá-lo.

Mais importante do que uma vitória ou uma derrota é lutar por seus sonhos. Não importa se você venceu ou perdeu. Não importa se chorou ou comemorou. O importante é que teve coragem de seguir os desejos do seu coração. Importa é que você viveu e não deixou que os passarinhos voassem por causa do medo.

Mas sempre haverá quem aconselhe você a não se arriscar e até faça pouco-caso de seus sentimentos. Fique atento a esses conselhos, pois muitas vezes eles vêm de pessoas cujo objetivo é apenas evitar seu sofrimento. O problema é que elas não percebem que sua única opção de verdade é ir atrás da plenitude.

São aqueles típicos conselhos de insegurança:

Ruim com ele, pior sem ele.

É melhor um pássaro na mão do que dois voando.

Por isso, muitas vezes, as pessoas não percebem que a convivência não está apenas ruim, está insuportável.

Elas não percebem que, na maioria das vezes, não há sequer um pássaro na mão.

Elas pensam em evitar suas lágrimas, mas não percebem que você está chorando há muito tempo.

O grande poeta Vinicius de Moraes escreveu: “Viver é mais importante do que ser feliz”. Concordo com ele, principalmente com essa idéia que muita gente tem atualmente de que felicidade é somente uma série de momentos de alegria. Infelizmente, para muitas pessoas, a felicidade se restringe apenas a algumas boas gargalhadas.

Quando penso em mim, percebo com muita clareza que quero viver. Não importa quantos momentos de alegria terei, o que importa é que vou experimentar a energia da vida pulsando dentro de mim! Afinal, felicidade de verdade é sentir a vida pulsar dentro de nós!

Não importa se vou ganhar ou perder, quero estar em campo jogando.

É claro que vou ficar chateado com as derrotas, mas sentirei orgulho de ter lutado pelo que tanto queria.

Não importa se vou ser aplaudido ou vaiado, quero fazer as coisas em que acredito.

Claro que vou ficar frustrado com aquilo que não der certo, mas me sentirei mais forte por ter enfrentado meus medos.

APRENDA COM AS DIFICULDADES

A dor faz parte da vida de quem vive conscientemente. Sentir dor por algo que não está fluindo como gostaríamos é muito importante. Afinal, o que é a dor senão a conseqüência de alguma coisa que não deu certo?

Ninguém está livre de sentir uma dor qualquer. Ela é inerente ao processo do desenvolvimento humano. Quem sente a dor de um fracasso profissional, a dor da ausência de uma pessoa querida que se foi ou a dor de um prejuízo financeiro cresce e amadurece. Eu diria mais: a dor nos fortalece. Ganhamos bagagem para enfrentar os desafios futuros.

Transformar a dor em tortura, porém, é um ato voluntário e masoquista. Já aceitar a dor é entender que todo aprendizado requer humildade.

Lembro-me de um dos momentos mais lindos da minha vida. Foi duro, mas guarda em si um tesouro infinito. Há algum tempo, minha mãe tinha um sangramento que sua médica tratava como se fossem hemorróidas. Certo dia, mamãe me ligou bastante apreensiva, pois a médica pedira que consultasse um especialista e insinuara que a causa do sangramento poderia ser outra. Recebi essa notícia como um choque. Pensei imediatamente em câncer.

Liguei para um cirurgião muito amigo e pedi que examinasse minha mãe o mais depressa possível. No dia seguinte, ele me ligou e disse:

– É câncer. Pedi os exames e, se for possível, vamos operá-la na segunda-feira.

Fiquei muito angustiado com a situação, pois minha mãe era fumante inveterada e tinha uma deficiência cardíaca. Naquele fim de semana, eu devia dar um curso no Peru, onde conhecia um curandeiro famoso por sua sabedoria. Marquei uma reunião com ele. Depois de algumas rezas, ele disse:

– Sabe, essa é uma grande chance de ter com sua mãe todas as conversas que ainda não teve. Quando ela for internada no hospital, interne-se também, pois essa é uma oportunidade imperdível.

O curandeiro me disse a mais pura verdade. Apesar de todo o sofrimento de minha mãe com a dor e a angústia da cirurgia, tivemos algumas conversas inesquecíveis. Ela ainda viveu por mais três anos, embora com muito sofrimento, pois as metástases a matavam de dor. Mas a possibilidade de estar perto dela foi um calvário que me fez crescer muito.

Não se esqueça: os passarinhos tristes da vida também têm uma riqueza especial. O convívio com eles pode não ser fácil, pode doer muito, mas representa uma fonte de grande evolução. Sempre se aprende muito com as dificuldades.

NÃO DEIXE O MEDO PARALISAR VOCÊ

Tenho a sensação de que muitas pessoas vêm para este mundo com um carro de Fórmula 1 nas mãos, mas o conduzem como se fosse um calhambeque caindo aos pedaços. Em vez de dirigirem de maneira compatível com o potencial do carro, ficam o tempo todo preocupadas em evitar acidentes.

Elas têm potencial para voar como um avião supersônico, mas sobrevoam a vida como um teco-teco. Pilotam com medo de se perder em vez de aproveitar a força de seu potencial.

Dessa maneira, desprezam o talento que têm e jogam no lixo as chances de se realizar. São pessoas que se sentem derrotadas antes mesmo de avaliar se têm ou não condições de encarar um desafio. Escondem-se atrás de uma postura medrosa para se defender de qualquer conseqüência indesejável. O medo de ousar as aprisiona nas gaiolas de sempre: não têm coragem de se aventurar em lugares onde podem encontrar valiosas oportunidades.

Para lidar melhor com essa desagradável sensação, é importante reconhecer que o medo exerce papel importante em nossa vida. Ele é um aviso que nosso cérebro dá para nos proteger. É porque sentimos medo que fomos capazes de fugir de nossos predadores e garantir a sobrevivência da espécie. Com essa simples explicação, fica fácil entender por que o medo sempre exerceu papel fundamental na evolução humana.

Nosso cérebro deve garantir nossa sobrevivência a qualquer preço. E ele, às vezes, exagera: avisa-nos de situações de perigo mesmo quando tudo está tranqüilo.

Diante de qualquer barulho estranho, ele nos prepara para a fuga, como um peixinho no lago que ouve passos na margem.

Se suspeitar de qualquer imagem ameaçadora, ele nos faz fugir, como os passarinhos quando vêem um espantalho no meio do milharal.

O problema é que, ainda hoje, nosso corpo reage diante de uma situação nova como reagia a um predador. Assim, nosso cérebro pode interpretar como ameaça um novo amor, um novo emprego, uma nova cidade, uma nova casa, um novo jeito de compreender o mundo.

O cérebro nos avisa durante o tempo todo de que há perigo e, assim, consegue garantir nossa sobrevivência. O detalhe é que já não vivemos no mesmo ambiente de nossos ancestrais e esses avisos, às vezes, ocorrem em situações que não apresentam nenhum risco para nossa sobrevivência. Em outras palavras, com tantos avisos de perigo, ficamos vivos, mas não declaramos, por exemplo, o amor pela pessoa por quem estamos apaixonados ou não ousamos fazer nosso projeto da maneira como acreditamos.

Lembre-se: o cérebro tem o papel de garantir a sobrevivência, mas se você quiser realmente viver em plenitude terá de conversar com sua consciência para que ela tranqüilize o cérebro, evitando o medo excessivo. Nesse caso, precisamos estar muito conscientes para distinguir nossas emoções e saber que, muitas vezes, elas não correspondem à realidade. Não deixe o medo paralisar você.

O medo desnecessário o faz sentir-se pequeno diante das circunstâncias, mas muitas vezes você reage assim porque não está plenamente consciente de suas capacidades. Você se sente dentro de um calhambeque, mas está em um carro de Fórmula 1!

É por isso que uma das atitudes mais importantes a tomar quando nos sentimos dessa maneira é encarar diretamente o medo. É assim que a gente se torna poderoso.

Se você ficar paralisado diante do medo, ele só vai crescer. Mas, se o enfrentar, vai compreender que as situações que mais nos apavoram são aquelas que, se nos dispomos a enfrentar, têm muito a nos ensinar.

É como se o medo, além de nos alertar para um risco potencial, exercesse outro papel sobre nosso organismo: o de chamar nossa atenção para algo que é nosso, mas que nos é desconhecido e precisa ser descoberto. Algo escondido na situação que tanto nos apavora.

Existe uma história muito bonita que ouvi na Índia e pode nos ensinar muito sobre o medo. Em meio a tantas doenças e turbulências que atingiram a humanidade durante a Idade Média e levaram à morte milhares de pessoas, havia um país em que todos viviam felizes.

Um belo dia, o rei desse país recebeu duas visitantes ilustres: a peste e a morte. As duas foram pedir autorização para entrar no reino. O monarca se negou, de imediato, a permitir a entrada de ambas. Elas, no entanto, o advertiram de que não havia escolha, precisavam entrar no país de qualquer jeito. Muito esperto, o rei resolveu negociar com as duas:

– Nos outros países vocês mataram mais de 12 mil pessoas, e isso eu não posso permitir. Mas, se me prometerem matar apenas dez, eu deixarei que entrem.

– Dez não! – responderam as duas em coro.

E a negociação prosseguiu durante horas. Enquanto as damas tentavam aumentar o número de vítimas, o rei procurava reduzi-lo até que chegaram a um bom acordo: apenas 200 pessoas morreriam.

Satisfeito com a negociação, o soberano abriu as portas do país à peste e à morte. No primeiro dia, 50 pessoas foram atingidas. No segundo, mais 100. No terceiro, 200 – e assim por diante.

Dia após dia o número de mortes aumentava em proporção geométrica. Furioso, o rei foi tomar satisfação com as duas no momento da despedida:

– Vocês mentiram para mim! Como puderam agir dessa forma?

– Por que está dizendo isso? – respondeu a peste.

– Ora, vocês disseram que só matariam 200 pessoas e, no entanto, mais de 12 mil vidas foram sacrificadas.

Com a tranqüilidade que lhe é característica, a morte respondeu:

– Mas nós cumprimos nosso trato. Só matamos 200 pessoas. As outras morreram de medo.

Ouça seu medo, mas não deixe que ele domine você!

NÃO DEIXE A ROTINA TOMAR CONTA DE VOCÊ

A rotina pode nos contaminar com um terrível vírus chamado acomodação.

A rotina é um veneno que a gente toma aos poucos...

Da mesma maneira que o cigarro vai destruindo nosso corpo, as rotinas vão minando nossa capacidade de ser pessoas mais plenas.

Todos os dias uma boa dose de televisão.

Todos os dias uma boa dose de cerveja.

Todos os dias uma boa dose de *e-mails* insignificantes.

Todos os dias brigas inúteis.

O tempo todo envolvido em relações amorosas sem sentido.

O tempo todo envolvido em um trabalho repetitivo.

O fim de semana inteirinho diante da TV, assistindo a todas as partidas de futebol.

Todas as noites você acompanha as novelas das 6, das 7 e das 8.

Quando você se dá conta, já se tornou escravo de uma rotina destruidora!

Pense: você tem se dedicado de verdade às prioridades da vida ou se transformou no escravo de uma rotina que anestesia seus sentimentos e sua capacidade de reflexão?

É claro que tomar uma cerveja de vez em quando faz parte dos bons momentos de lazer, assim como acompanhar o futebol, mas isso não pode se tornar sua vida.

Um homem e a esposa estavam sentados na sala de sua casa e ele disse a ela:

– Apenas pra você saber, jamais quero viver em estado vegetativo, dependente de alguma máquina e dos fluidos de algum frasco. Se isso um dia acontecer, puxe o fio da tomada!

A esposa se levantou, desplugou a TV da tomada e jogou fora toda a cerveja!

Não deixe a rotina tomar conta de sua vida. Se você perceber que está dependente da droga da rotina, chegou a hora de partir para o tudo ou nada! De acordar para a vida, de tirar o traseiro do sofá e sair para respirar o oxigênio da existência.

ADEUS, PREGUIÇA

Muitas vezes a acomodação com a vida que temos significa que nos acostumamos com pouco.

É a adaptação aos pequenos sofrimentos diários.

É fechar os olhos para as mudanças possíveis com preguiça de correr riscos.

É ficar na confortável e segura rotina que criamos em vez de partir em busca de algo mais.

Quem foi contaminado pelo vírus da acomodação sempre deixa para amanhã o que poderia fazer hoje.

São pessoas que evitam agir porque não querem lidar com as conseqüências de seus atos.

São pessoas que evitam decidir porque não querem perder o conforto nem a segurança que têm – mesmo que esse conforto e essa segurança sejam bastante limitados.

Elas se recusam a encarar qualquer tipo de risco, embora tenham talento de sobra para alcançar seus objetivos e ser felizes. Para evitarem o trabalho que terão ao lidar com o sofrimento desconhecido, elas se adaptam ao sofrimento conhecido.

Mesmo que não estejam passando por circunstâncias favoráveis e se sintam mal, preferem que as coisas continuem como estão a alterar sua rotina.

Assim, qualquer pequena transformação é evitada. Cria-se uma barreira intransponível às mudanças. Procurar um novo emprego? Nem pensar! Mesmo que a oferta seja melhor e as perspectivas mais promissoras, uma pessoa acomodada não aceita mudar de emprego porque já domina as tarefas que realiza e prefere a segurança de um trabalho medíocre a correr o risco de ser feliz em outra empresa.

Uma pessoa acomodada evita conversar com o companheiro sobre suas frustrações no relacionamento com medo de provocar uma crise afetiva.

Uma pessoa acomodada prefere afastar-se de um amigo a criar coragem para conversar sobre algum aspecto que a incomoda.

Existem também as pessoas que se acomodam afetivamente. Elas mantêm o casamento, mesmo que o amor já tenha acabado, apenas porque a separação e a busca de uma nova companhia são atitudes que demandam grande esforço. Vivem pensando:

– Para que procurar encrenca?

São míopes: diante de uma situação nova, só enxergam os problemas que poderão surgir e o trabalho que terão. Nunca se dão conta das janelas que se abrem quando deparamos com alguma coisa nova.

São pessoas que pensam da seguinte forma:

– Por que me candidatar a um cargo público se isso só traz dor de cabeça?

– Por que tentar me aproximar da mulher que amo se ela não me dá bola?

– Por que estudar mais para conquistar um cargo melhor se isso não adianta nada?

Elas não percebem quanto a coragem de enfrentar esses desafios pode ser importante para sua realização. Estão distraídas, olhando a vida passar sem se dar conta do que está acontecendo ao redor. As coisas ocorrem bem debaixo de seus olhos, e elas desperdiçam seguidamente as oportunidades porque não têm coragem de ir para o tudo ou nada.

ARRISQUE MAIS

As pessoas precisam aprender a arriscar apesar da possibilidade de errar.

Aprender a enfrentar um desafio mesmo que pareça duro demais.

Aprender a reconquistar o amor do filho ainda que para isso precisem derramar muitas lágrimas.

Aprender a se impor, embora sintam as mãos geladas devido à tensão e à insegurança.

A vida exige de nós uma atitude proativa. Somos agricultores que recebem apenas as sementes do amanhã, precisamos aprender a plantá-las, cultivá-las, colhê-las.

Não dá para permanecer em nosso casulo: uma lagarta precisa virar borboleta. Não acredite que, se ficar em seu casulo, você estará plenamente seguro.

Ninguém está 100% seguro na vida.

Ninguém está livre de sentir dor.

Ninguém pode garantir que uma mudança de emprego seja bem-sucedida.

Mas, se você não se arriscar nem se expuser, jamais saberá o que poderia ter acontecido.

Você poderia ter sido feliz no amor, mas não foi.

Poderia ter construído uma carreira bem-sucedida, mas não construiu.

Poderia ter feito amigos fantásticos, mas não fez.

Poderia ter voado por jardins floridos e perfumados, mas não voou.

E fará coro com Sueli Costa e Abel Silva cantando *Jura secreta*:

Só uma coisa me entristece
O beijo de amor que não roubei
A jura secreta que não fiz
A briga de amor que não causei
(...)
Só uma palavra me devora
Aquela que meu coração não diz
Só o que me cega, o que me faz infeliz
É o brilho do olhar que não sofri

Arriscar é, portanto, preciso. Acordar para o mundo é preciso. Encante-se com as portas que se abrem à frente a cada novidade que surge em sua vida. Não permita que a porta se feche antes que você tenha visto o que havia do outro lado.

Faça como Raul Seixas sugeriu:
Eu é que não me sento no trono de um apartamento
Com a boca escancarada e cheia de dentes
Esperando a morte chegar.

Não fique sentado esperando a morte chegar! As pessoas que ficam assim começam, depois de alguns anos, a sentir um enorme vazio no peito. Só então saem desse estado permanente de acomodação, acordam para o mundo e constatam, decepcionadas, que não criaram nada, não arriscaram nada, não aproveitaram nada. O problema é que isso costuma acontecer tarde demais...

Não deixe a acomodação tomar conta de sua vida para não provocar, no futuro, o seguinte comentário que alguém talvez faça sobre você: "Coitado, morreu aos 18 anos, mas só foi enterrado aos 60!"

Por isso, dê a si mesmo a oportunidade de aproveitar a vida e nunca a despreze! Lembre-se: quem espera desespera. Se você perceber que está esperando a morte chegar, é hora de sair para o tudo ou nada e mostrar que seu coração ainda pulsa!

CAPÍTULO 8 A VIDA NÃO TEM *REPLAY*

"CORRA RISCOS, SEJA UM JOGADOR – O QUE VOCÊ PODE PERDER? VIEMOS COM MÃOS VAZIAS, IREMOS COM MÃOS VAZIAS. NÃO HÁ NADA A PERDER. ESTA É UMA PEQUENA VIDA, DADA A VOCÊ COMO UMA ESCOLA. TREINE-SE PARA TODOS OS PRAZERES."

Osho

Até agora conversamos sobre a necessidade de transformar nossa vida quando ela está insatisfatória. Nesse caso, se não partirmos para o tudo ou nada, correremos o risco de vê-la escorrer entre nossos dedos enquanto assistimos à televisão.

Agora vamos conversar sobre situações especiais da vida em que a oportunidade está à nossa frente e devemos aproveitá-la. Nesses momentos, precisamos agir rapidamente, do contrário deixaremos escapar os pássaros da oportunidade.

São situações em que não podemos ficar parados desperdiçando o tempo. Nessas circunstâncias, temos de decidir rapidamente e agir mais rapidamente ainda. Não podemos perder esses momentos, pois se trata de presentes que a existência nos dá. Afinal, a vida acontece agora, e um momento nunca se repete. A vida não tem *replay*... Pode ter recomeço, mas não tem *replay!*

Se você não assistir à apresentação de dança de sua filha hoje, não poderá curtir esse momento nunca mais. A emoção que ela vai sentir antes da apresentação somente existirá naquele instante. Você até poderá assistir à gravação da apresentação, mas, no filme, o brilho do olhar de sua filha será simplesmente o registro de um momento eterno que já ocorreu e você perdeu!

Muitas pessoas vão dizer que as oportunidades da vida são infinitas. Penso, no entanto, que elas são muito escassas. As verdadeiras oportunidades, aquelas que definem nossa vida, podem ser contadas nos dedos:

– A mulher da sua vida estaciona o carro bem na sua frente...

– O homem da sua vida toma café na mesa ao lado da sua...

– O emprego que vai revolucionar sua carreira está fixado no quadro de avisos da faculdade...

Por isso, quando percebemos que essas chances estão ao alcance de nossas mãos, temos de assumir uma atitude rápida: é pegar ou largar!

Infelizmente, vejo que as pessoas só percebem as verdadeiras oportunidades quando estas já passaram. Não se esqueça de que a consciência do que está acontecendo em sua vida é fundamental para poder viver de verdade. Tenho um grande amigo que, há algum tempo, me confidenciou:

– Roberto, percebo que amadureci bastante. Agora noto o que se passou apenas três meses depois que tudo aconteceu.

Fiquei surpreso:

– Mas três meses é muito tempo!

Ele então comentou:

– Bem, eu tive filhos, mas só me dei conta de que era pai quando, aos 13 anos de idade, minha filha engravidou. Eu me casei, mas só percebi que amava minha mulher quase vinte anos depois do casamento, quando ela se apaixonou por outro homem. Hoje em dia, vejo o que acontecere somente três meses depois que tudo se passou. Sinto que estou melhorando muito...

E você, de quanto tempo precisa para perceber que os passarinhos estão ao redor?

As oportunidades, quando aparecem, nos cobram velocidade de ação.

Se a mulher da sua vida estiver em sua frente e você ficar paralisado pela timidez, talvez nunca mais tenha a oportunidade de conhecê-la.

Se ela sorrir serenamente para você, não se deixe congelar de medo! Está na hora de agir:

– É agora ou nunca! Vá até lá conversar com ela.

Sem justificativas, sem desculpas. Simplesmente vá... Dê o primeiro passo.

É lógico que você pode perguntar o nome e o telefone dela para uma amiga, mas talvez também desista dessa estratégia na hora H...

Já passei por muitas situações em que precisei lidar com a frustração porque evitei agir por medo de sofrer.

Amores que eu não declarei...

Negócios em que não entrei...

Amigos que não fiz...

Ficava analisando a situação, medindo os prós e os contras e me perguntava:

– Será que quero isso de verdade?

Resultado: quando dava por encerrada minha análise, eu constatava que a garota já estava namorando outra pessoa, o negócio já tinha sido fechado com um concorrente e que uma pessoa querida estava de mudança para outro país!

Por isso sempre digo: se você for um fã de Caetano Veloso e ele estiver ali, na sua frente, dando autógrafos para uma multidão, corra para pegar o seu! Pare de se masturbar mentalmente e ficar pensando:

– Ah, ele está cansado, acho que já vai embora, não vai dar certo, ele nem vai prestar atenção em mim.

Talvez ele realmente não atenda seu pedido, mas pelo menos você terá tentado. Eu sinto orgulho das situações em que as pessoas precisaram me dizer "não".

O guitarrista Eric Clapton já disse "não" para mim. Nós estávamos em um hotel de Belo Horizonte, na frente do elevador. Eu não tinha ido ao show dele porque tive de ministrar uma palestra no mesmo horário. Então, de repente, nos encontramos naquele elevador.

Ele estava cercado pela equipe. Logo comecei a pensar:

– Ele não me dará um autógrafo, vai ficar irritado...

Mas, em determinado momento, não resisti: peguei minha caneta e um cartão e pedi o desejado autógrafo. Ele fez um sinal para o segurança, que não me deixou entrar no elevador.

É claro que fiquei frustrado por não conseguir o autógrafo, mas pelo menos não me aborreci comigo mesmo por ter deixado de fazer o que tanto queria.

Preferi partir para o tudo ou nada, pois, provavelmente, nunca mais terei a oportunidade de estar ao lado de Eric Clapton!

Aquele momento nunca teria *replay* mesmo que fosse filmado. Aliás, talvez até tenha sido filmado pelas câmeras de segurança do hotel...

NÃO DEIXE PARA AMANHÃ

Certa vez, durante um curso que fiz nos Estados Unidos com a professora Mary Goulding, ela me confidenciou que, apesar de todas as teorias, o mais importante era o resultado da terapia e, nesse sentido, o maior terapeuta de todos os tempos era Milton Erickson. Como gostava muito de mim, aconselhou-me:

– Acho que você deveria estudar com ele. Na semana que vem Erickson dará um curso. Não perca essa oportunidade, pois ele está muito doente.

Eu a ouvi com carinho. Já conhecia os livros de Erickson, e ele era meu maior ídolo como terapeuta, mas eu tinha organizado minha viagem de volta ao Brasil e decidi deixar para conhecê-lo pessoalmente alguns meses mais tarde, em minha próxima estada nos Estados Unidos. Semanas depois, soube que ele havia morrido.

Ele estava tão próximo, apenas a uma hora de avião. Estava disponível para me ensinar. Mas eu deixei para a próxima viagem, perdi a oportunidade na ilusão de que ele sempre estaria à minha disposição.

O adiamento é uma praga que mata os passarinhos da vida. Quando adiamos alguma coisa estamos matando as oportunidades. As pessoas têm a ilusão de que o canto do pássaro se repetirá amanhã e simplesmente esperam que isso aconteça. Mas talvez o canto nunca seja ouvido de novo ou não se repita com a mesma beleza.

Muitas vezes nos enganamos com promessas que nunca vamos cumprir...

Seu filho está ali para um beijo carinhoso, mas você deixa para amanhã. Não percebe que amanhã vai tornar a deixar para depois de amanhã. E esse beijo nunca chega – até o dia em que você descobre que ele não quer mais seu beijo.

As pessoas não são estátuas. As estátuas podem ficar paradas esperando por você, mas gente tem vida própria, desejos e movimentos inesperados.

Li certa vez uma pesquisa alarmante: aproximadamente 70% das pessoas cujos pais já morreram se arrependem de não ter dito a eles "eu te amo". Os pais estavam ali, mas elas preferiram deixar para amanhã. E continuaram adiando para amanhã. Um dia, acordaram e perceberam que não havia mais amanhã.

Quando se der conta de que existe algo importante a ser feito, diga a si mesmo: "Tudo ou nada! Agora ou nunca!" E vá atrás do passarinho que está diante de você.

Se neste momento você sabe que existe uma situação não resolvida em sua vida, não importa que seja

um pedido de desculpas,

um pedido de emprego,

um negócio a ser fechado,
uma declaração de amor,

deixe este livro de lado, pegue o telefone e resolva essa situação agora mesmo. Está na hora de agir: é agora ou nunca! Uma atitude tudo ou nada pode mudar sua vida.

SINAL DE OCUPADO

No corre-corre em que vivemos, imagine o trabalho que os passarinhos das oportunidades têm para se fazer notar. Se pudéssemos medir o índice de sucesso de um passarinho que tenta ser notado por nós, com certeza seria um dos mais baixos. Se eles soubessem deixar recado em secretárias eletrônicas, em caixas postais, se pudessem mandar *e-mails* ou, enfim, utilizar alguma tecnologia mais versátil, talvez até nos déssemos conta de sua existência:

– Sou aquele emprego que você sempre sonhou, passei por você ontem. Se der, ligue para mim. Um beijo!

– Adorei conhecer você ontem, nossos olhares não se separavam. Pena que a gente não conversou. Que tal um cinema amanhã?

– Puxa, pai, eu ia chamar você para jogar bola ontem, mas você ficou até tarde no escritório. Se chegar mais cedo hoje, telefone para mim.

– Mãe, eu ontem tentei dizer que te amo, só que você estava muito cansada para me ouvir. Se sentir menos sono hoje, por favor, me avise.

Seria realmente cômico se não fosse trágico – porque é essa falta de tempo para nos dedicar às coisas importantes que nos torna pessoas tão infelizes, causando até doenças graves como a depressão.

Outro dia fiquei pensando nas crianças que vivem nessas famílias em que pais e filhos simplesmente não se encontram. São estranhos que moram dentro do mesmo lar: passam um pela frente do outro, um ao lado do outro, mas é como se não se vissem, pois não convivem de verdade, não constroem nada em comum, não compartilham coisa alguma. Parece loucura, mas naquele momento fiquei imaginando quantos garotinhos já pensaram em fazer uma prece assim:

Senhor, nesta noite peço algo especial: que me transforme em um televisor. Queria ter um quarto só para mim e reunir todos os membros de minha família ao meu redor, ser levado a sério quando falo, sem interrupções nem questionamentos, e me tornar o centro das atenções. Queria sentir o cuidado especial que a TV recebe quando alguma peça não está funcionando direito dentro dela. E ter a companhia de meu pai, quando ele chega em casa, mesmo que esteja cansado do trabalho. Queria também que minha mãe me procurasse quando está sozinha e aborrecida em vez de me ignorar. A única coisa que me aborreceria um pouco seria ver meus irmãos brigando para estar comigo. Mas seria muito bom poder divertir a todos mesmo que às vezes eles não dissessem nada para mim. Na verdade, eu queria sentir a maravilhosa emoção de ver minha família deixar tudo de lado para passar alguns momentos comigo. Senhor, não peço muito. Só gostaria de viver como qualquer televisor!

Será que seu filho ou alguma outra pessoa que vive a seu lado já pensou em pedir para Deus transformá-lo em um televisor, em um computador, em um copo de bebida? Será que essa pessoa se meteu em encrencas só para chamar sua atenção? Talvez os grandes problemas de sua vida tenham começado porque sempre se ouvia sinal de ocupado quando as pessoas tentavam falar com você!

É essencial deixar claro para as pessoas importantes de sua vida quanto elas são *realmente* importantes. Você pode estar muito ocupado terminando sua tese de doutoramento ou concluindo uma proposta para uma concorrência com prazo de inscrição limitado, mas toda essa preocupação não deve ser motivo para afastá-lo de sua família.

A realização de um sonho não deve custar a destruição de tesouros já conquistados, embora muitas pessoas, enquanto trabalham duramente em um projeto com o objetivo de criar um futuro profissional de sucesso, se esqueçam dos outros sonhos que carregam dentro do coração.

Isso me faz lembrar uma entrevista da escritora Clarice Lispector. Na ocasião, ela disse que precisava escrever livros para alimentar a prole. Então o que fazia? Bem, sentava-se no meio da sala com a máquina de escrever e colocava as crianças por perto para brincar. Assim, podia trabalhar, escrevendo ali na sala, mas também conseguia estar presente na vida de seus filhos pequenos.

Às vezes uma pessoa que lutou durante a vida toda para atingir a posição de desembargador ou governador descobre, desesperada, quando alcança sua meta, que perdeu o amor de sua vida ou destruiu sua família. Isso porque não teve a sabedoria de cuidar dos entes queridos fundamentais para sua felicidade enquanto realizava seu projeto profissional.

Por isso, por mais que você esteja sobrecarregado de tarefas, arranje tempo para sua família e para as pessoas importantes de sua vida. Dê um jeito de curtir quem você ama. A melhor maneira de manter o coração aquecido e não deixar que as oportunidades escapem é dar valor às pessoas queridas e respeitá-las. Sem elas, a vida carece de sentido.

Se você, por exemplo, tiver de trabalhar em casa no domingo, levante-se cedo, lá pelas 6 horas, e comece sua tarefa. Quando seus familiares acordarem, faça uma pausa de trinta minutos, tome o café-da-manhã com eles. Curta intensamente seus filhos nesses momentos.

Depois disso, volte com pique para o trabalho. Lá pelas 11 horas, faça outra pausa e brinque para valer com as crianças. Brincar e relaxar um pouco será ótimo para melhorar seu rendimento. Algum tempo depois, almoce com a turma, divirta-se com todos e, de novo, mergulhe em seu projeto com força total. E às 11 horas da noite, quando as crianças já estiverem dormindo, interrompa o trabalho e convide a esposa ou o marido para um chá. Converse e fale da alegria de ter a seu lado alguém tão compreensivo e generoso, declare seu amor e sonhe um pouco com algum passeio gostoso que vocês vão fazer quando passar esse temporal.

Assim, esse período pesado se transformará em uma oportunidade de aproximação ainda maior entre vocês. Com esses cuidados, toda a família se sentirá importante e você estará mais motivado para fazer um trabalho produtivo.

Essa é uma dica preciosa porque muitas vezes as pessoas mergulham em uma batalha para superar suas dificuldades e não percebem que a exaustão atrapalha o rendimento. Apesar das pressões, procure sempre reservar tempo para assistir a um filme, ouvir música, descansar ou fazer uma corrida matinal. Pequenas atitudes como essas podem ajudá-lo a manter o sangue-frio no meio das pressões, além de lhe dar mais tranqüilidade para cumprir suas dezenas de compromissos sem deixar que os passarinhos voem. Não corra tanto pela vida a ponto de esquecer o lugar onde esteve e o local para onde vai! Quando alguém sentir necessidade de falar com você, não dê sinal de ocupado!

PREOCUPAÇÃO DESNECESSÁRIA

Quando penso nos meus mais de 50 anos de vida, vejo coisas que me arrependo de ter feito. A maioria das pessoas diz que só se arrepende do que não fez, mas eu me arrependo de algumas coisas que fiz. E meu maior arrependimento é o fato de ter desperdiçado tanto tempo da minha vida com preocupações desnecessárias.

Por que eu me preocupava tanto?

Será que meus pais fariam as pazes depois de uma briga?

Será que as pessoas gostariam do livro que eu estava escrevendo?

Será que alguma coisa ruim poderia acontecer a um dos meus filhos?

Fiquei muitas vezes preocupado com as conseqüências de uma matéria negativa publicada pela imprensa.

Eu vivia preocupado com tudo o que você possa imaginar!

Houve dias em que não fiz nada que prestasse porque minha mente estava cheia de perguntas torturantes, tais como:

– Será que isso vai acontecer?

– Por que não fiz isso antes?

– Por que ele fez isso comigo?

Eram perguntas cujas respostas levavam a outras perguntas mais desgastantes. Eu ficava preocupado, e os passarinhos voavam na minha frente sem que eu os visse...

Esse período em que minha mente esteve abarrotada de preocupações foi o maior desperdício da minha vida!

Hoje noto que vivi tempo suficiente para saber que minha dedicação pode resultar em um livro que traduza minhas idéias, mas meu esforço não é capaz de levar alguém a gostar dele.

Da mesma forma, você pode fazer tudo o que quiser por seus filhos, mas eles farão da vida deles o que bem entenderem.

Você pode fazer tudo o que estiver ao seu alcance pela mulher amada, mas depende somente dela se apaixonar ou não.

Meu pai nunca me bateu, mas sempre que fazia algo errado eu morria de preocupação, ficava com medo de apanhar, como acontecia com meus amigos. Essa preocupação me machucou mais do que todas as surras que eu poderia ter levado e não levei. Quanto desperdício de energia!

A preocupação é um vício que drena nossa energia e nos afasta dos passarinhos que a vida nos apresenta porque desvia nossa atenção da busca da solução de nossas dificuldades. Repare que, quando estamos preocupados, em vez de investir energia na procura de uma solução, tentamos avaliar as possíveis conseqüências da situação e ficamos paralisados. Na maioria das vezes, supervalorizamos a situação. E o que poderia ser resolvido de maneira simples acaba se complicando cada vez mais porque nossa preocupação torna as coisas mais difíceis.

Preocupações são como um martírio, fazem a pessoa torturar a si mesma, criam a dúvida em nosso coração. É a ausência de fé, pois quem acredita na vida, em si próprio e é competente sabe que terá forças e discernimento para tomar a melhor decisão quando chegar a hora de agir. E sabe também que, se não der certo, terá forças para recomeçar.

Certa vez, um amigo me disse:

– Eu não estou bem porque ando me torturando.

Quando perguntei qual era seu problema, ele respondeu:

– Estou sem dinheiro. Mas já estive sem dinheiro muitas vezes na vida e nunca me torturei desse jeito. Meu problema, na verdade, é que me torturo inutilmente em vez de procurar uma forma de ganhar mais.

Preocupação é exatamente isso, essa tortura de si mesmo que vem do medo das conseqüências negativas. A partir daí, o medo destrói o sono e a capacidade de superar a dificuldade.

Quantas pessoas são vítimas desse tipo de tortura?

Muitas... Os sinais de preocupação estão estampados em seu rosto, por trás dos sorrisos, das rugas e das olheiras, na falta de concentração, no tom da voz...

A preocupação é uma sombra que persegue a pessoa.

Será que você tem a ilusão de que sua preocupação evita alguma desgraça?

Você acha que, se ficar preocupado, o problema se resolverá sozinho?

Não acredite nisso.

Não acredite que sua preocupação trará seu filho para casa depois da balada. Ele voltará a salvo porque assim é a vida, e não porque você se preocupou.

E sabe o que é pior? Se ficar preocupado, estragará mais uma noite de sono. No dia seguinte, brigará com seu filho, culpando-o pela noite maldormida. E depois justificará a discussão dizendo que não dormiu porque ele se atrasou. Na verdade, você não dormiu porque tem o vício da preocupação.

A preocupação raramente tem relação com as dificuldades do momento. Os problemas profissionais e financeiros, na maioria das vezes, são apenas uma desculpa para as pessoas que vivem preocupadas.

Talvez hoje você esteja preocupado com um problema de sua empresa. Será que se dá conta de que essa é uma desculpa para suas aflições diárias? Amanhã será outra crise, e você continuará procurando razões para viver preocupado...

Por favor, compreenda que a preocupação não é normal nem saudável. É claro que é importante aprendermos a nos dedicar com toda a garra à resolução de nossas dificuldades, mas também é essencial aprender a relaxar, ter confiança na própria capacidade e certeza de que tudo se resolverá.

Quando em sua mente aparecer um problema durante o fim de semana, pense que vai cuidar dele na hora adequada, mas naquele momento vai deixá-lo de lado para poder desfrutar a vida. Se, mesmo assim, a preocupação continuar fazendo parte de você, determine-se a encontrar suas causas. Pode ser falta de confiança em si mesmo, insegurança, falta de fé, talvez até um trauma que você tenha e nem perceba. Por isso, quando a preocupação chegar, vale a pena parar por alguns minutos e, em vez de torturar a si mesmo, tentar uma auto-análise para compreender melhor o que está acontecendo com você e, finalmente, relaxar.

EM DIA COM A VIDA

Um dos maiores recursos para gerar felicidade é manter a vida sempre em dia. Meu amigo Ken O'Donnell diz que podemos descobrir o grau de maturidade de uma pessoa de acordo com o tempo durante o qual ela consegue carregar um mal-estar em relação a alguém.

Uma pessoa que tem maturidade percebe facilmente quando alguma coisa está maculando seu coração. É como se fosse uma camisa branca em que um simples pingo de azeite é percebido a distância. Já quem não amadureceu se parece mais com uma camisa preta, que não mostra a sujeira.

Quando você presta atenção em si mesmo, é fácil perceber que alguma coisa não está bem nos relacionamentos com as pessoas que ama. Ao notar que criou um mal-estar, prontifica-se a se desculpar com alguém que magoou ou questionar quem magoou você.

Já quem só se importa consigo mesmo nem sequer é capaz de imaginar que feriu o outro. Quem valoriza os próprios sentimentos tanto quanto os das outras pessoas age de forma diferente: pede desculpas, o que é uma maneira de dizer "eu te amo".

Um pedido de desculpas é uma forma de dizer que você tem tamanha sintonia com o outro que é capaz de sentir que uma palavra sua feriu os sentimentos dele. Procurar um amigo para falar de algo que ele fez e que magoou você é uma forma de dizer "você é importante para mim".

Isso acontece raramente porque muitas pessoas preferem "deixar pra lá" quando estão chateadas com alguém. Pensam que quem ama entende o comportamento do outro. O problema é que nem sempre há um coração assim tão compreensivo e, com o tempo, a situação mal resolvida acaba fazendo com que se afastem do amigo que as magoou.

A vida é cheia de mal-entendidos, não dá para evitá-los. O importante é não deixar que eles cresçam, para que tenhamos um sono tranqüilo. Na maioria das vezes, as pessoas que nos magoaram não fizeram isso por maldade, mas simplesmente por descuido. Conversar sobre isso mostra que você é uma pessoa especial.

Quem tem a sabedoria de manter os relacionamentos livres de incômodos também conserva a cabeça livre de pendências. Quando sabe que tem de fazer alguma coisa, vai lá e faz, parte para o tudo ou nada, pois entende que, enquanto não o fizer, estará com a cabeça ocupada com o problema.

É incrível como somos capazes de deixar que as pendências se arrastem até o último minuto. Um jovem, por exemplo, tem de fazer a inscrição para o vestibular. Sabe a data em que as inscrições começam, mas deixa para fazer a dele na semana seguinte – e a preocupação de não esquecer já começa a ocupar espaço em sua mente.

Na semana seguinte, ele arruma um monte de coisas para fazer e deixa para depois. Enquanto isso, a preocupação vai aumentando e só terminará quando a pendência for resolvida.

Lembre-se: só quem mantém a mente livre de pendências e preocupações tem tempo para ser feliz e olhos para os passarinhos da vida.

CONCLUSÃO A ÚLTIMA PEDRA

GOSTO DE UMA MÚSICA QUE FRANK SINATRA COSTUMAVA CANTAR, *MY WAY*. O CURIOSO É QUE SÓ FUI PRESTAR ATENÇÃO NA LETRA DESSA CANÇÃO QUANDO ESCREVIA ESTE TEXTO. ELA DIZ MAIS OU MENOS ASSIM: "SE EU ACERTEI OU SE ERREI, FIZ ISSO DA MINHA MANEIRA".

Quando olho para trás, percebo que fiz muitas bobagens. Acertei bastante, mas também errei bastante. Quando olho para diante, tenho certeza de que vou acertar e errar bastante também. É impossível acertar sempre. Mas o importante é que não gastemos nosso tempo nem nossa energia nos torturando. A autocrítica pelo que não deu certo, além de ser nociva para a saúde, faz com que a gente perca os passarinhos que a vida nos oferece no presente.

Um dia destes, um dos meus filhos me perguntou por que eu tomei determinada decisão estúpida tempos atrás. Respondi que me arrependia do que tinha feito, mas expliquei que, naquele momento, minha atitude me parecia lógica. Se eu tivesse o conhecimento e a maturidade de hoje, certamente a decisão seria diferente.

Por isso é que lhe digo: não se torture por algo que não deu certo no passado.

Talvez você tenha escolhido a pessoa errada para casar.

Talvez tenha saído da melhor empresa onde poderia trabalhar.

Talvez tenha mandado uma filha grávida embora de casa.

Não importa o que você fez, não se torture.

Apenas perceba o que é possível fazer para consertar essa situação e faça.

Se você sente culpa, perdoe-se.

E, principalmente, compreenda que agiu assim porque, na ocasião, era o que achava melhor fazer.

Há uma história de que gosto muito: um pescador chegou à praia de madrugada para o trabalho e encontrou um saquinho cheio de pedras. Ainda no escuro começou a jogar as pedras no mar. Enquanto fazia isso, o dia foi clareando até que, ao se preparar para jogar a última pedra, percebeu que era preciosa!

Ficou arrependido e comentou o incidente com um amigo que lhe disse:

– Realmente, seria melhor se você prestasse mais atenção no que faz, mas ainda bem que sobrou a última pedra!

Existem pessoas que não prestam atenção no que fazem e depois passam a vida inteira arrependidas pelo que não fizeram, mas poderiam ter feito, e se martirizam por seus erros. Se você está agindo assim, deixo-lhe uma mensagem especial: não gaste seu tempo com remorsos nem arrependimentos. Reconheça o erro que cometeu, peça desculpas e continue sua vida.

Você ainda tem muitas pedras preciosas no coração: muitos momentos lindos para viver e muitos erros para cometer.

Aproveite as oportunidades e curta plenamente a vida.

Curta os passarinhos. Eles são os presentes do universo para você!

DEDICATÓRIA

Dedico este livro a você que tem a coragem de enfrentar os desafios das próximas páginas de sua vida, mesmo tendo consciência de que só Deus
sabe o final da história.

AGRADECIMENTOS

De todo o coração, quero agradecer à minha família e aos meus amigos queridos por me acompanharem e apoiarem, especialmente em meus momentos de tudo ou nada. Obrigado por serem tão pacientes comigo e pela força que me deram durante as decisões importantes de minha vida.

Agradeço também às pessoas que leram este texto e, com seus comentários, ajudaram a deixar minhas idéias mais claras aos futuros leitores.

Minha gratidão a todo o pessoal do Instituto Gente e da Editora Gente, especialmente a Bruna Ferreira, Denise Casatti e Renata Carraro.

Obrigado, mil vezes obrigado, a meus mentores e anjos da guarda por me mostrarem a luz, me acompanharem e me orientarem em minhas jornadas de herói.

Que eu consiga retribuir tudo o que recebo da Existência!

Roberto Shinyashiki

BIBLIOGRAFIA

Nesta bibliografia, indico as obras que me influenciaram na criação deste livro para aqueles que desejarem se aprofundar nos temas aqui desenvolvidos.

CAMPBELL, Joseph. *O Herói de Mil Faces.* São Paulo: Pensamento, 1995.

__________. *Reflexões sobre a Arte de Viver.* São Paulo: Gaia, 2003.

PENNEBAKER, James W. *Opening Up: The Healing Power of Expressing Emotions.* New York: The Guilford Press, 1997.

ROSA, Mário. *A Síndrome de Aquiles*. São Paulo: Gente, 2001.

VOGLER, Christopher. *A Jornada do Escritor*. Rio de Janeiro: Ampersand, 1998.

TEJON, José Luiz. *O Beijo na Realidade*. São Paulo: Gente, 2005.

Editora
Rosely M. Boschini

Assistente editorial
Rosângela Barbosa

Copidesque
Denise Casatti

Produção
Marcelo S. Almeida

Preparação
Maria Alayde Carvalho

Capa e projeto gráfico
Caio Carraro

Revisão
Jô de Melo

Diagramação e fotolitos
Join Bureau

Rua Pedro Soares de Almeida, 114
São Paulo, SP - CEP 05029-030
Telefone: (11) 3670-2500
Site: http://www.editoragente.com.br
E-mail: gente@editoragente.com.br

Dados Internacionais de Catalogação na Publicação (CIP)
(Câmara Brasileira do Livro, SP, Brasil)

Shinyashiki, Roberto
Tudo ou nada / Roberto Shinyashiki. — São Paulo : Editora Gente, 2006.

ISBN 85-7312-494-6

1. Auto-ajuda – Técnicas 2. Autoconhecimento – Teoria 3. Atitude (Psicologia) 4. Conduta de vida 5. Motivação (Psicologia) 6. Realização pessoal I. Título.

06-2466 CDD-153.8

Índice para catálogo sistemático:

1. Motivação e desenvolvimento pessoal : Psicologia 153.8

CONTATOS COM O AUTOR

Site: wwww.shinyashiki.com.br
e-mail: roberto@institutogente.com.br

Este livro foi impresso pela Paulus Gráfica
em papel off-set 75g.